novum pocket

Barbara Bojack

Sexuelle Gewalt – besondere Problematiken

Verdrängte Wahrheiten

novum pocket

Bibliografische Information
der Deutschen Nationalbibliothek:

Die Deutsche Nationalbibliothek
verzeichnet diese Publikation in der
Deutschen Nationalbibliografie.
Detaillierte bibliografische Daten
sind im Internet über
http://www.d-nb.de abrufbar.

Alle Rechte der Verbreitung, auch
durch Film, Funk und Fernsehen, fotomechanische Wiedergabe, Tonträger, elektronische
Datenträger und auszugsweisen
Nachdruck, sind vorbehalten.

Gedruckt in der Europäischen Union
auf umweltfreundlichem, chlor- und
säurefrei gebleichtem Papier.

© 2024 novum Verlag

ISBN 978-3-903468-84-9
Umschlagfoto:
Justlight I Dreamstime.com
Umschlaggestaltung, Layout & Satz:
novum Verlag
Innenabbildungen:
Dr. Verena Kolbe,
Prof. Rosemary Ogu

Die von den Autorinnen zur
Verfügung gestellten Abbildungen
wurden in der bestmöglichen
Qualität gedruckt.

www.novumverlag.com

Inhaltsverzeichnis

1 Ulrich Hemel – Vorwort 7
2 Verena Kolbe – Besondere Problemlagen
   sexualisierter Gewalt aus
   rechtsmedizinischer Sicht 11
3 Rosmary Ogu – Rape –
   Health implications and
   an African perspective 39
4 Juliane Wahren – Häusliche Gewalt
   in Zeiten von Corona 47
5 Volker Braun – Missbrauch in
   der katholischen Kirche 87
6 Exemplarischer Missbrauchsfall
   im Bistum Mainz, Volker Braun, N.N. 95
7 Barbara Bojack – EVV-Studie
   (Erfahren, Verstehen, Vorbeugen) 107
8 Martina Merten – Interviews mit
   älteren Witwen in Indien und
   deren Gewalterfahrungen 113
9 Barbara Bojack – Sexuelle Gewalt in Haft 143
10 Experteninterview mit
    Diplom Psychologe Peter Berger 161
11 Barbara Bojack – Schlussbetrachtung 169
12 Autorenverzeichnis 171

1 Ulrich Hemel – Vorwort

Sexuelle Gewalt ist ein weites Feld, oft unsichtbar, mit starken negativen Gefühlen verbunden. Aber sie ist eine Realität, und wie immer im Leben hilft es nichts, wenn wir die Realität verdrängen oder verleugnen.

Wenn jemand sich mit der Realität sexualisierter Gewalt beschäftigt, kann es ihm oder ihr trotzdem so gehen, wie wenn man einem Freund Geld leiht und darüber die Freundschaft zerbricht: Schon das Aufdecken und Ansprechen einer ungeliebten Wirklichkeit wird häufig genug als „unfreundlicher Akt" und „ungebührliche Ruhestörung" gedeutet. Da die Störung notwendigerweise von den Opfern ausgeht, besteht leicht die Gefahr einer Retraumatisierung.

Dazu kommt, dass es auch auf dem Feld der sexuellen Gewalt eigene Hell- und Dunkelfelder gibt. Ganz überwiegend geht es um Gewalt von Männern gegenüber Frauen. Aber es gibt eben auch Gewalt gegen männliche Jugendliche und gegen Männer, nicht zuletzt in speziellen institutionellen Zusammenhängen wie Gefängnissen oder wie (bedauerlicherweise) im Kontext von Sport oder von Kirche.

Die Grenzen sexualisierter Gewalt sind fließend. Wo geht ein freundliches Kompliment gegenüber einer Frau in unangenehmes und übergriffiges Verhalten über?

Umgekehrt: Wie häufig werden offensichtliche Formen sexualisierter Gewalt ignoriert, bagatellisiert oder geleugnet?

Als junger Gerichtsdolmetscher durfte ich bereits vor vielen Jahren erleben, wie die gerichtliche Wahrheitssuche im Fall „sexueller Beleidigung und Nötigung" zu schwer erträglichen verbalen Schlagabtauschen zwischen den Vertretern von Staatsanwaltschaft und Verteidigung führen konnte. Wie es dabei dem Opfer ging, spielte für die Wahrheitssuche vor Gericht keine Rolle. In einem besonderen Fall, so erinnere ich mich, war in meinen Augen bis zum Ende des Prozesses unklar, was sich nun tatsächlich ereignet hatte und wie die Ereignisse zu bewerten sind. Hatte die Klägerin untertrieben oder übertrieben? Wie stark hing das Gerichtsurteil von den besonderen Fähigkeiten der Verteidigung oder der Staatsanwaltschaft ab? Aus solchen Erfahrungen heraus wird klar: Wer in solchen Fällen Eindeutigkeit sucht, sollte sich anderen Feldern zuwenden.

Und trotzdem: Zweifel im Einzelfall ändern nichts an der massiven Realität sexueller Gewalt und ihren teilweise dramatischen Auswirkungen auf Gewaltopfer. Der besondere Wert der im vorliegenden Buch dargestellten Fallkonstellationen besteht in der Weitung des Blicks, so etwa durch eine Perspektive aus Afrika und durch eine Betrachtung der fließenden Übergänge zwischen mangelnder Wahrnehmung, Vernachlässigung, flächendeckender sozialer Realität und manifester Gewalt gegenüber Witwen in Indien.

Speziell in der katholischen Kirche ist das Jahrzehnt seit 2010 nicht nur in Deutschland durch den Umgang mit Erfahrungen sexuellen Missbrauchs geprägt. Der damit unmittelbar zusammenhängende Vertrauensverlust einer einst stolzen und würdigen, aber eben auch autoritären und in Teilen missbrauchsvertuschenden Organisation wirkt dramatisch. Ein Teil der vorliegenden Dokumentation zeigt die Hilflosigkeit und Überforderung aller Beteiligten, von Opfern bis zu den Verantwortlichen, deutlich auf.

Eine gewaltsensible Gesellschaft muss sich auch dieser Hilflosigkeit und Überforderung stellen. Denn sie sind Teil der Realität, auch unserer eigenen Realität. Institutionelle Reaktionen, etwa im Rahmen des Rechtssystems, können nur Teilaspekte berücksichtigen. Denn am Ende betrifft eine Gewalterfahrung die ganze Person und die ganze Lebensgeschichte, nicht nur die rechtsfähige Persönlichkeit oder das strafmündige Subjekt in Gestalt von Opfern und Tätern.

Was wir brauchen, ist ein erhöhtes Maß an Empathie. Die Fähigkeit zur Empathie muss aber erlernt werden, in den Familien und Schulen, in den Sportvereinen und in den Kirchen, vor Gericht und im Berufsleben. Menschen haben die gute Fähigkeit, sich in andere hineinzuversetzen, ohne sich selbst zu verlieren. Empathie ist aber auf begleitende Bildungsprozesse zur Förderung emotionaler Kompetenz angewiesen. Denn die Fähigkeit zur Empathie muss immer wieder neu eingeübt und ermutigt werden, nicht zuletzt angesichts weiterer Formen von Gewalt wie derzeit in den Kriegen in Palästina und in der Ukraine. Denn Menschlichkeit ist unteilbar.

Nicht Verdrängung, sondern ein offener, aber auch respektvoller Umgang mit den düsteren Seiten unserer gesellschaftlichen und bisweilen auch persönlichen Wirklichkeit ist gefragt.

Dazu trägt der von Barbara Bojack herausgegebene Band in besonderer Weise bei. Ich wünsche ihm viele respektvolle und empathiefähige Leserinnen und Leser!

Ulrich Hemel
30. Dezember 2023

2 Verena Kolbe – Besondere Problemlagen sexualisierter Gewalt aus rechtsmedizinischer Sicht

Gliederung

Einleitung 13

Systematisches Vorgehen bei der
(rechts)medizinischen Untersuchung
und Spurensicherung 15
    Anamnese 15
    Körperliche Untersuchung 18
    Spurensicherung 23
    Nachsorge 25

Besondere Problemlagen 25
    Vortäuschung von Straftaten 25
    Sexualisierte Gewalt gegen Männer 26
    Sexualisierte Gewalt gegen Kinder 27

Zusammenfassung 33

Literatur 35

Einleitung

Vor mehr als zehn Jahren wurde ein völkerrechtlicher Vertrag zum Schutz von Frauen und Betroffener häuslicher Gewalt ausgearbeitet: Die Istanbul-Konvention des Europarates, dem internationalen Übereinkommen zur Verhütung und Bekämpfung von Gewalt gegen Frauen und häuslicher Gewalt, ist in Deutschland seit dem 1. Februar 2018 rechtlich verbindlich. Die Vertragsstaaten verpflichten sich, gegen alle Formen von Gewalt vorzugehen, wobei die geschlechterspezifische Gewalt gegen Frauen sowie häusliche Gewalt im Vordergrund stehen. Im Rahmen ihrer Gewaltschutzstrategie verpflichten sich die Mitgliedstaaten zur Gewaltprävention, zur Unterstützung und zum (Sofort-)Schutz, wirksame strafrechtliche Verfahren und Normen sowie der Ausdehnung von Maßnahmen in Asylverfahren (MBFSFJ 2018) einzusetzen. Als die Türkei im März 2021 aus dem Vertrag ausstieg, war das Entsetzen auch in Deutschland groß. Doch auch hier hat sich die Situation von Frauen, insbesondere in den Jahren der Coronapandemie, nicht wesentlich entspannt: Im Jahr 2020 wurden u. a. insgesamt 81630 Straftaten gegen die sexuelle Selbstbestimmung polizeilich erfasst. Auf 100.000 Einwohner wurden 11,7 Fälle von Vergewaltigung und sexueller Nötigung registriert (Statista 2022). Wenngleich das tatsächliche Ausmaß sexualisierte Gewalt kaum zu fassen ist (Hörnberger 2021), so stellt allein schon das bekannte Hellfeld eine relevante Größe im rechtsmedizinischen Alltag dar.

Gemäß Artikel 25 der Istanbul-Konvention sind die Mitgliedstaaten verpflichtet, rechtsmedizinische Untersuchungen nach sexualisierter Gewalt vorzuhalten. Die entsprechenden Einrichtungen müssen „leicht zugänglich" und „in ausreichender Zahl" vorhanden sein (Council of Europe Treaty Series 2011).

Im Rahmen sog. *Gewaltopferambulanzen* oder einer *anonymen Spurensicherung*, wie sie in vielen rechtsmedizinischen Instituten angeboten wird, können die Verletzungen unabhängig von einer polizeilichen Anzeige begutachtet und Spuren gesichert werden. Diese Angebote sind für die Geschädigten in der Regel kostenfrei und können auch anonym in Anspruch genommen werden. Eine flächendeckende Versorgung mit rechtsmedizinischen Ambulanzen, die den erforderlichen forensischen Aspekten gerecht werden und für Betroffene, insbesondere in ländlichen Bereichen, leicht erreichbar sind, ist in Deutschland bislang jedoch nicht gegeben (Walz et al. 2021).

In der klinischen Erstversorgung gilt es, körperliche Verletzungen zu behandeln, die Ansteckung mit sexuell übertragbaren Krankheiten zu verhindern und den Eintritt einer möglichen Schwangerschaft zu vermeiden. In der rechtsmedizinischen Untersuchung dagegen werden vorhandene Befunde gerichtsfest dokumentiert und Spuren gesichert.

Eine unzureichende Befunddokumentation und Spurensicherung können unter Umständen weitreichende, juristische Konsequenzen haben, die bis zu einem Freispruch des Beschuldigten führen können. Die ärztlich-forensische Untersuchung nach Sexualdelikten ist somit eine komplexe und verantwortungsvolle Aufgabe, die gewissen Ansprüchen genügen muss und im Folgenden beschrieben werden soll.

Systematisches Vorgehen bei der (rechts)medizinischen Untersuchung und Spurensicherung

Typischerweise sind nach Sexualdelikten – wenn überhaupt – nur geringgradige genitale Verletzungen zu finden. Deutlich häufiger weisen die Geschädigten jedoch extragenitale Begleitverletzungen auf, die als Hinweise auf eine Gewaltanwendung gewertet werden können und deren sorgfältige Dokumentation umso bedeutender ist.

Die umfassende körperliche Untersuchung einschließlich der Spurensicherung an geschädigten Frauen sollte im Idealfall also gemeinsam durch ÄrztInnen der Gynäkologie und Rechtsmedizin erfolgen. Dabei obliegt den FrauenärztInnen die Untersuchung des Anogenitalbereiches mit der der entsprechenden Abstrichnahme. Durch die RechtsmedizinerInnen werden zuvor oder anschließend die extragenitalen Befunde (Foto)dokumentiert.

Es ist zu beachten, dass es nach K.O.-Mittelbeibringung oder übermäßigen Alkohol- und/oder Drogenkonsum mit reduzierten Fähigkeiten, sich zur Wehr zu setzen, nicht zwingend zu körperlichen Verletzungen kommen muss.

Anamnese

Die sorgfältige körperliche Untersuchung und korrekte Spurensicherung sowie die ausführliche Dokumentation sind zwar grundsätzlich nicht parteilich gebunden, können die Position der geschädigten Person in einem Strafverfahren allerdings maßgeblich stärken. Es liegt nicht in der Kompetenz eines Mediziners, zu beurteilen, ob ein strafrechtlicher Tatbestand erfüllt ist. Somit sollten in der medizinischen Beurteilung auch keine juristischen Begriffe verwendet werden.

Trotz der gebotenen Neutralität im ärztlichen Kontakt sollte eine empathische Grundhaltung selbstverständlich sein.

Sofern ein Untersuchungsauftrag seitens der Ermittlungsbehörden vorliegt, muss die geschädigte Person unbedingt über die eingeschränkte Schweigepflicht des/der Untersucher*In aufgeklärt werden. Sucht die/der Geschädigte auf eigenes Bestreben medizinische Hilfe, empfiehlt es sich, vorsorglich eine Schweigepflichtsentbindung unterzeichnen zu lassen. Auf diese Weise ist eine spätere Weitergabe der Befunde an die Ermittlungsbehörden unkompliziert statthaft.

Neben der allgemeinen Anamnese sollten auch speziellere Fragen gestellt werden, die bei Sexualdelikten relevant sein können. Für diese Gespräche empfiehlt sich die Verwendung von standardisierten, für diese Untersuchungen konzipierte Anamnesebögen[1]. Gezielte Fragen zum Tatablauf können dabei durchaus Auswirkungen auf den Untersuchungsablauf haben. So kann die Frage nach einer Ejakulation, Bissen, Küssen etc. zu der zielgerichteten Suche nach üblicherweise nicht sichtbaren Sekretspuren führen (Banaschak et al. 2013).

---

1 Dokumentationsbögen, Körperschemata und weitere hilfreiche Informationen sind z. B. unter www.praxisleitfaden-gewalt.de zu finden

Darüber hinaus sollte erfragt werden:

- *Wann ist es passiert?* – Eingrenzung der Zeitspanne zur Sicherung biologischer Spuren
- *Wo hat die Tat stattgefunden?* – Sicherung möglicher Bodenanhaftungen und Nachvollziehbarkeit bestimmter Befunde, z. B. Schürfungen nach Vorfällen auf rauen Untergründen
- *Welche Formen körperlicher Gewalt wurden ausgeübt?* – Einordnung körperlicher Verletzungen, insbesondere bei der Angabe von Gewalt gegen den Hals sollte unbedingt nach Stauungsblutungen gesucht werden
- *Wurde ein Kondom benutzt?* – Einschätzung des Infektionsrisikos und der evtl. Notwendigkeit einer Notfallverhütung
- *Wurde ejakuliert, wenn ja – wohin?* – Einschätzung der Wahrscheinlichkeit DNA-fähiges Material zu sichern
- *Wie hat der/die Betroffene sich nach der Tat verhalten?* – Sofern keine Körperreinigung und Wechsel der Kleidung stattgefunden hat, könnten von der Körperoberfläche möglicherweise biologische Spuren gesichert und die Kleidung ggf. untersucht werden

Die konkrete Befragung und Tatrekonstruktion sollten jedoch in der Bearbeitung von Sexualdelikten geschulten BeamtInnen überlassen werden.

Körperliche Untersuchung

Idealerweise wird die/der zu Untersuchende von einem gleichgeschlechtlichen Mediziner untersucht. Ist dies nicht möglich, sollte ein/eine entsprechende(r) Zeug*In hinzugezogen werden. Vor Beginn der Untersuchung sollte über den Zweck und die anschließenden folgenden Untersuchungsschritte aufgeklärt werden. Der/die Geschädigte sollte sich zu keinem Zeitpunkt vollständig entkleiden müssen, vielmehr sollte die Körperoberfläche abschnittsweise untersucht werden.

Am häufigsten wird stumpfe Gewalt in Form von Schlägen angewendet, die zu Hautabschürfungen oder Einblutungen führen kann. Dabei ist insbesondere auf sog. Fixierverletzungen, passive und aktive Abwehrverletzungen und Widerlagerverletzungen, insbesondere an der Körperrückseite, zu achten. Dabei ist zu bedenken, dass sich insbesondere Hämatome erst verzögert ausbilden können und möglicherweise eine erneute Befunddokumentation erforderlich machen.

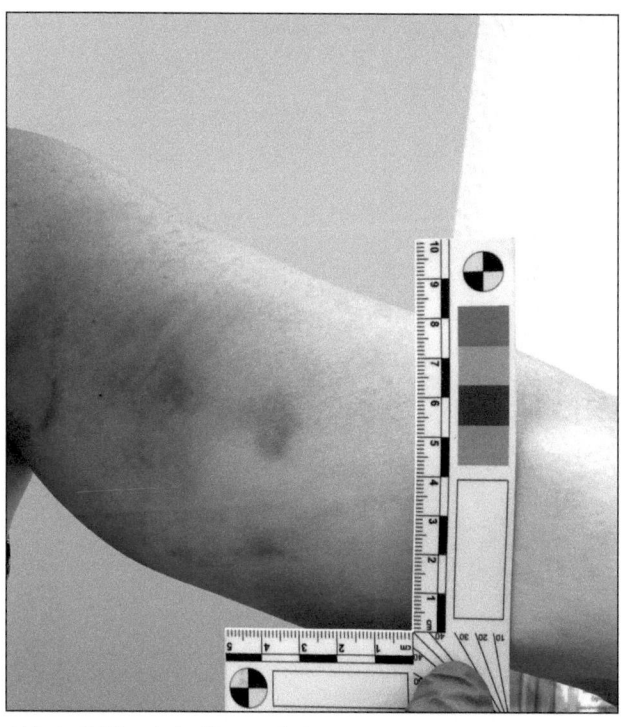

Abb. 1: Grifftypische Hautverfärbungen

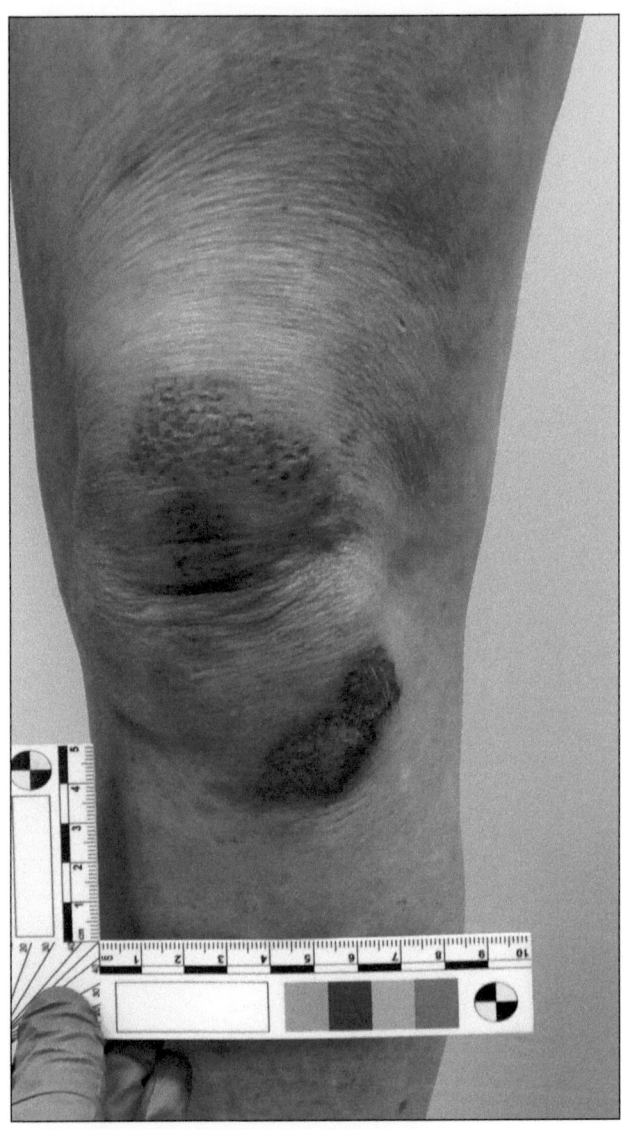

Abb. 2: Schürfung nach einem Sturzgeschehen

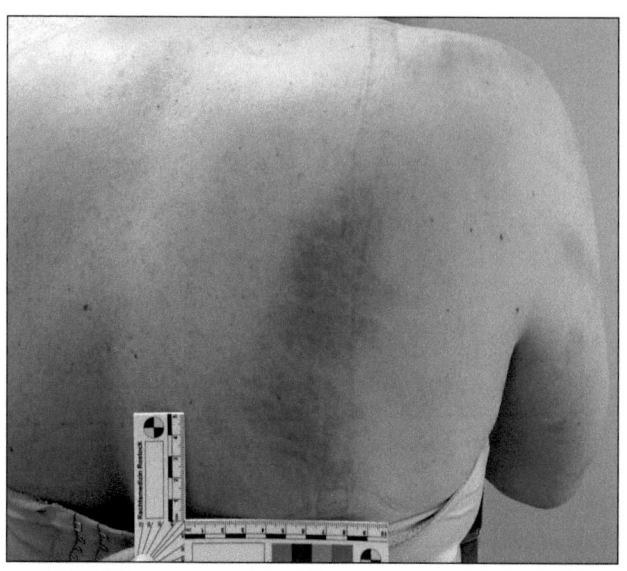

Abb. 3: Widerlagerverletzung im Bereich des linken Schulterblattes

Wird eine Gewaltanwendung gegen den Hals, wie Würgen oder Drosseln, berichtet, sollte die Halshaut auf Einblutungen und Hautdefekten und die Gesichtshaut – einschließlich der Schleimhäute! – auf Stauungsblutungen, sog. Petechien untersucht werden. Werden Beschwerden, insbesondere beim Schlucken angegeben, sollte der/die Betroffene zügig einem Hals-Nasen-Ohren-Arzt vorgestellt werden (Ondruschka et al., 2018).

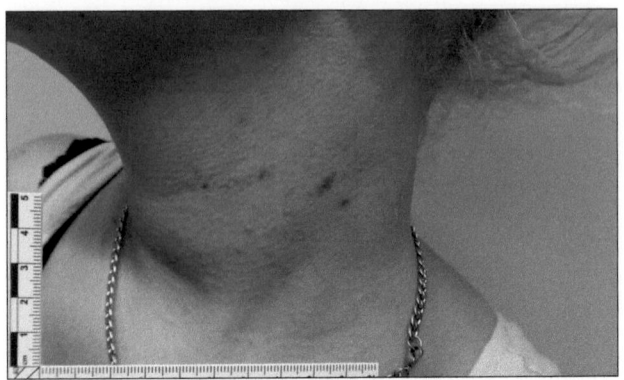

Abb. 4: Würgemale

Bei der Beurteilung von gynäkologischen Befunden kommt es maßgeblich auf die Angaben der geschädigten Frau an: Feine Schleimhautläsionen können auch bei einvernehmlichem Geschlechtsverkehr entstehen und belegen folglich kein gewaltsames Eindringen. Tiefere Schleimhautdefekte können u. a. infolge massiver Gewaltanwendung oder dem Einführen von (disproportionalen) Gegenständen entstehen. Die Verwendung des Farbstoffes Toluidinblau kann die Sensitivität beim Erkennen von feinen Schleimhauteinrissen erhöhen.

Geschlechtsunabhängig kann es auch zu analen Verletzungen kommen, die bereits bei einer äußeren Inspektion anhand von Blutungen, Hämatomen oder Schleimhauteinrissen erkennbar sein können.

Grundsätzlich gilt, dass bei dem Verdacht auf innere Verletzungen eine notfallmäßige Krankenhauseinweisung erfolgen muss (Banaschak et al., 2013).

Sämtliche Auffälligkeiten sollten mit einer rekonstruierbaren Größenreferenz, z. B. einem Lineal oder Maßstab, fotodokumentiert und in Körperschemata handschriftlich festgehalten werden. Dabei gilt es auch, vermeintlich banale Verletzungen, wie oberflächliche Schürfungen oder Hautrötungen zu erfassen, da diese Befunde für die forensische Rekonstruktion enorm wichtig werden können, auch wenn keine medizinische Behandlungsbedürftigkeit vorliegt.

Spurensicherung

Eine biologische Spur, die nicht rechtzeitig erkannt, fachgerecht gesichert und aufbewahrt wird, ist für das spätere Strafverfahren verloren. Es empfiehlt sich daher, ein standardisiertes Spurensicherungs-Kit zu verwenden, mit dem eine einheitliche und strukturierte Spurensicherung vereinfacht wird.

Die übliche Empfehlung, Abstriche bzw. Abriebe bis etwa 72 Stunden nach dem Vorfall anzufertigen, sollte lediglich als Empfehlung gesehen werden. Auch darüber hinaus, abhängig von den individuellen Umständen, können DNA-Nachweise in Einzelfällen noch gelingen. Es sollte zunächst eine Abstrichnahme aus der Mundhöhle vorgenommen werden, um die DNA des/der Geschädigten typisieren zu können.

Sichtbare Antragungen an der Körperoberfläche können angetrocknete Sekrete des/der Täter*In (Speichel, Ejakulat) darstellen. Diese sollten mit einem angefeuchteten Wattetupfer abgerieben werden. Gleiches gilt für Körperregionen, für die ein Küssen, Lecken oder Beißen des/der Täter*In angegeben wird, um DNA-fähiges Material zu sichern. Werden keine speziellen Asservierungs-Kits verwendet, ist auf eine ausreichende Trocknung der Tupfer zu achten, um eine Zersetzung der DNA zu vermeiden. Weiterhin müssen die Proben unbedingt korrekt beschriftet werden, dabei ist insbesondere auf die richtige Zuordnung der Abnahmelokalisation zu achten.

Die Haut unter den Fingernägeln sollte seitengetrennt mit angefeuchteten Wattetupfern abgerieben werden, um dort DNA-fähiges Material des Täters zu sichern, sofern der/die Geschädigte diesen gekratzt hat (Richter & Lessig, 2022).

Findet die Spurensicherung im Auftrag der Ermittlungsbehörden statt, so werden die Asservate an die Polizeibeamten übergeben. Nach einer vertraulichen Spurensicherung kann das Material zur weiteren Lagerung und ggf. Untersuchung an das nächstgelegene rechtsmedizinische Institut versendet werden (Grassberger & Neudecker 2013).

Die getragene Kleidung sollte sichergestellt und in Papiertüten verpackt werden, um ggf. wichtige Spuren zu erhalten (Banaschak et al. 2013).

Auch die Beibringung sog. K.-O.-Mittel wird in Medienberichten immer wieder öffentlich thematisiert. Unter K.O.-Mittel fallen Wirkstoffe zahlreicher Substanzgruppen mit unterschiedlichen Halbwertszeiten, wenngleich am häufigsten GHB (Gamma-Hydroxy-Buttersäure) gemeint ist, welches nur wenige Stunden in den Körperflüssigkeiten nachweisbar ist. Deshalb empfiehlt sich dringend die zeitnahe Asservierung von Blut- und Urinproben.

Nachsorge

Neben einer Notfallkontrazeption und der Prophylaxe von sexuell übertragbaren Erkrankungen (STDs) sollten unbedingt auch die psychischen Folgen von Gewalt beachtet werden. Dazu sollten lokale Beratungs- und Behandlungsangebote gemacht werden, auch wenn die Betroffenen initial wenig beeinträchtigt wirken.

Insbesondere, wenn die Ermittlungsbehörden noch nicht eingeschaltet worden sind, sollte unbedingt abgeklärt werden, ob weiterhin eine Gefährdungssituation vorliegt und ggf. über die lokalen Hilfenetzwerke die Unterbringung in einer Schutzunterkunft organisiert werden.

Besondere Problemlagen

Vortäuschung von Straftaten

Die Verantwortung des Untersuchers erstreckt sich nicht nur auf die zu untersuchende Person, sondern auch auf die beschuldigte. Es sollte immer bedacht werden, dass eine Straftat nur behauptet oder vorgetäuscht sein kann, sodass die Personen neben be- auch nach entlastenden, extragenitalen Befunden untersucht werden sollten.

In Fällen von vorgetäuschten Sexualdelikten ergeben sich deutliche Widersprüche zwischen dem festgestellten Verletzungsbild und dem angegebenen Sachverhalt. In der Regel finden sich Befunde, die mit den

Kriterien selbst beigebrachter Verletzungen vereinbar sind und den Verdacht der Vortäuschung nahelegen; so etwa oberflächliche, parallel verlaufende, kratzerartige Schnitt- oder Stichverletzungen.

Durch Falschaussagen oder –bezichtigungen kann der Straftatbestand der Vortäuschung einer Straftat oder Verleumdung erfüllt sein. Es sollte jedoch auch bedacht werden, dass autoaggressives Verhalten zur Kanalisation extremer psychischer Belastung auch nach einem tatsächlich erfolgten sexuellen Übergriff erfolgen kann (Grassberger & Yen, 2013).

Sexualisierte Gewalt gegen Männer

Sexualisierte Gewalt gegen Männer, die häufig im Rahmen homosexueller Kontakte stattfindet, ist immer noch ein Tabuthema und die Betroffenen suchen sich nur selten medizinische und juristische Hilfe. Diejenigen, die schließlich eine Klinik aufsuchen, tun dies häufig verspätet, wodurch die Beweislage deutlich verschlechtert werden kann.

Bei der Untersuchung von betroffenen Männern sollte ebenfalls eine umfassende Anamnese, insbesondere im Hinblick auf eine mögliche Substanzbeeinflussung, erhoben sowie eine sorgfältige, empathische, körperliche Inspektion und Spurensicherung vorgenommen werden. Die Kenntnis spezieller homosexueller Praktiken ist von Vorteil, um gezielt nach bestimmten Befunden suchen zu können.

Neben den bereits für Frauen beschriebenen Prädilektionsstellen für eine Gewaltanwendung sollte bei Männern daher besonderes Augenmerk auf den Anogenitalbereich gelegt werden: Penis, Hodensack, After und Dammregion können (müssen aber nicht!) u. a. Rötungen, Schürfungen, Blutungen oder Schwellungen aufweisen. Ob anogenitale Verletzungen auftreten, hängt von zahlreichen Faktoren, wie der Intensität der Gewaltanwendung, der Verwendung von Gleitmitteln, dem Ausmaß der Gegenwehr und vielem mehr ab. Bei Blutungen aus dem After empfiehlt sich eine Anoskopie zur Untersuchung der Analschleimhaut bzw. eine Rektoskopie zur Untersuchung des Analkanals und der Enddarmschleimhaut durch einen Proktologen. Problematisch stellt sich die Würdigung der Befunde dar: Schleimhautdefekte heilen äußerst schnell ab, was insbesondere bei einer verzögerten medizinischen Vorstellung Schwierigkeiten birgt. Weiterhin müssen nicht alle feststellbare Auffälligkeiten im Rahmen eines erzwungenen Geschlechtsverkehres entstanden sein. Geringfügige Verletzung können auch durch einvernehmlichen Verkehr entstehen, sodass auch hier zwingend die Gesamtumstände und die Aussage des Betroffenen berücksichtigt werden müssen. Die Untersuchung eines Tatverdächtigen kann auch hier weiterhelfen, um die Befunde in einen Gesamtkontext einzuordnen (Krauskopf A et al., 2013).

Auch nach der Angabe sexualisierter Gewalt gegen ein männliches Opfer sollte an eine entsprechende infektiologische Nachsorge gedacht werden.

Sexualisierte Gewalt gegen Kinder

Als schwächste Glieder unserer Gesellschaft müssen Kinder sich auf den Schutz Erwachsener verlassen können. Gewalt gegen Kinder ereignet sich in den meisten Fällen innerhalb der Barrieren der Familie. Dieser Umstand und die Tatsache, dass insbesondere die Jüngsten nicht in der Lage sind, sich selbstständig Hilfe zu suchen, ist ein wachsames und geschultes Auge Aller erforderlich. Im Jahr 2020 wurden bundesweit 16 686 Fälle sexuellen Kindesmissbrauchs polizeilich erfasst, wobei auch bei den kindlichen Opfern von einer enormen Dunkelziffer ausgegangen werden muss (Statista 2022).

Sexualisierte Gewalt gegen Kinder umfasst ein weites Spektrum sexueller Handlungen, die nicht alle direkten körperlichen Kontakt zur Folge haben, z. B. das Anfertigen kinderpornografischer Inhalte oder den Online-Versand derartiger Inhalte. Doch auch die sog. hands-off-Handlungen können zu Verhaltensauffälligkeiten führen. Misshandelte Kinder können – müssen aber nicht – beispielsweise Kontaktschwierigkeiten zu anderen Kindern oder Defizite in den schulischen Leistungen zeigen.

Sexuell missbrauchte Kinder können ein sexualisiertes Verhalten zeigen. Derartige Verhaltensänderungen haben jedoch nur einen hinweisenden Charakter und sollten in ihrer Behandlungsbedürftigkeit durch eine/einen Kinderpsycholog*In oder –psychiater*In beurteilt werden (Sperhake & Matschke, 2013).

Die Beurteilung körperlicher – auch anogenitaler – Befunde sollte in einem interdisziplinären Team durch erfahrene Kinderschutzmediziner, wie etwa RechtsmedizinerInnen oder PädiaterInnen, vorgenommen werden. Es ist dabei unbedingt zu berücksichtigen, dass betroffene Kinder in den meisten Fällen erst verzögert vorgestellt werden und dass anogenitale Gewebe in der Regel vollständig und narbenlos abheilen (Todt et al., 2019).

Die Anamneseerhebung muss altersentsprechend sein und sollte durch eine Vertrauensperson erfolgen. Die Gesprächsführung erfordert eigene Handlungssicherheit und Einfühlungsvermögen.

Grundsätzlich sollte ein Kind niemals zu einer Untersuchung des Genitales gezwungen werden. Insofern sollten auch Narkosen nach Möglichkeit vermieden werden, damit das Kind keinen erneuten Kontrollverlust erfährt. Die Untersuchungstechnik sollte an das Alter des Kindes angepasst werden. Nach ausführlicher Erklärung und Demonstration der nachfolgenden Untersuchungsschritte an einer Puppe oder einem Kuscheltier sollte das Kind in Anwesenheit einer Vertrauensperson untersucht werden. Es empfiehlt sich, Mädchen sowohl in Rückenlage als auch in der Knie-Brust-Lage zu untersuchen. Dabei werden die Schamlippen gespreizt und auseinandergezogen, um das Jungfernhäutchen, das sog. Hymen, aufzuspannen und so die Säume beurteilen zu können. Die Entfaltung des Hymens kann durch Valsalvamanöver, z. B. durch das Aufpusten eines Luftballons, unterstützt werden. Die Verwendung für gynäkologischen Instrumente ist zur Beurteilung des Hymens nicht erforderlich, sondern birgt eher das Risiko einer Retraumatisierung. Die Nutzung eines Kolposkops ermöglicht eine hochwertige Befunddokumentation sowie die Möglichkeit einer anschließenden Zweitmeinung ohne, dass die Kinder erneut untersucht werden müssen (Mützel et al., 2013; Todt et al., 2019).

Zur Beurteilung des Hymens ist eine fundierte Kenntnis der Wertigkeit von Befunden erforderlich. Während der sog. hormonellen Ruheperiode ist das Hymen leicht verletzbar und äußerst schmerzempfindlich. Es ist üblicherweise halbmond- oder ringförmig konfiguriert und weist einen glatten, durchscheinenden Rand auf. Außerdem ist es anfällig für unspezifische Infektionen, sog. Vulvovaginitiden. Etwa ab dem 8. Lebensjahr beginnt die sog. Reifungsperiode, in der das Hymen hormonell beeinflusst wird. Es wird damit fleischiger, beginnt sich zu fälteln und wird dadurch erschwerter beurteilbar. Abhängig von zahlreichen Faktoren (anatomische Größenverhältnisse, Alter des geschädigten Mädchens, Häufigkeit der Übergriffe etc.) kann sexualisierte Gewalt durchaus ohne greifbare Befunde am Hymen erfolgen.

Oberflächliche Schleimhautdefekte könne innerhalb kurzer Zeit wieder abheilen und sich so der Nachweisbarkeit entziehen. Tatsächlich beweisend für einen stattgehabten sexuellen Missbrauch sind der Nachweis von Spermien und/oder eine bis an die Basis reichende Verletzung des Hymenalsaums zwischen 3 und 9 Uhr in SSL (Steinschnittlage). Der Untersucher sollte unbedingt über Kenntnis über die zahlreichen – auf den ersten Blick möglicherweise auch suspekten – anatomischen Varianten und deren Wertigkeit verfügen. Häufig werden bei den Untersuchungen unspezifische Befunde festgestellt, die sowohl durch einen sexuellen Kontakt, aber auch durch anderweitige Differentialdiagnosen erklärt werden können (Todt et al., 2019). Lediglich eine Schwangerschaft oder der Nachweis von Spermien darf als beweisend für einen stattgehabten Sexualkontakt angesehen werden.

Nicht jede anogenitale Infektion ist missbrauchsbedingt, dennoch können bestimmte Infektionskrankheiten den Verdacht eines sexuellen Missbrauches erhärten, sofern eine peripartale Übertragung ausgeschlossen werden kann (z. B. Herpesinfektionen). Werden Krankheiten wie Gonorrhö, Syphilis oder HIV diagnostiziert und kann eine peripartale Ansteckung ausgeschlossen werden, ist ein ursächlicher Sexualkontakt wahrscheinlich (Kellog et al., 2018).

Sexualisierte Gewalt gegen Jungen ist ähnlich schwierig nachzuweisen: Oberflächliche Verletzungen der Analregion heilen in der Regel schnell und folgenlos ab, insbesondere, wenn Gleitmittel verwendet werden. Beweisend für einen analen Missbrauch gelten tiefe Schleimhautdefekte an der Anal- und Darmschleimhaut sowie der Nachweis von Samenflüssigkeit. Verletzungen von Penis und Hodensack sind dagegen eher selten festzustellen (Mützel et al., 2013). In der absoluten Mehrzahl der Untersuchungen können jedoch keine diagnostisch hin- oder beweisende Genitalbefunde festgestellt werden (Todt et al., 2019).

Das sog. Adams-Schema, gilt als die umfassendste konsensusbasierte Interpretationshilfe für Befunde, die im Zusammenhang mit dem Verdacht auf sexualisierte Gewalt an Kindern und Jugendlichen erhoben wurden (Herrman 2015). Die Kenntnis der aktuellen Version des Adams-Schemas ist zur Bewertung medizinischer Befunde daher unbedingt empfehlenswert (Kellog et al., 2018). Außerdem sollten die festgestellten Befunde unbedingt in Zusammenschau mit dem angegebenen Sachverhalt beurteilt werden.

Wird ein akuter Übergriff angegeben, sollte dringend eine Spurensicherung, wie sie bereits beschrieben wurde, stattfinden. Allerdings werden die meisten Vorfälle erst deutlich verspätet berichtet, sodass eine Spurensicherung am Körper des Kindes häufig nicht mehr sinnvoll ist. Ein Spermiennachweis an Textilien dagegen kann unter Umständen jedoch noch lange gelingen.

Grundsätzlich sollte ein Kind niemals auf das zu untersuchende Genital reduziert werden, sondern das Kind vielmehr als Ganzes betrachtet und auf begleitende Verletzungen, Erkrankungen oder Zeichen von Vernachlässigung untersucht werden. Dafür ist die Kenntnis typischer Prädilektionsstellen für körperliche Misshandlungen unbedingt erforderlich. Es sollte auch nicht unterschätzt werden, dass die Untersuchung für die Kinder den Verarbeitungsprozess unterstützen und einen gewissen therapeutischen Effekt haben kann (Todt et al. 2019). Die entsprechenden Meldebefugnisse sind im Bundeskinderschutzgesetz geregelt (Bundesministerium der Justiz und für Verbraucherschutz, 2012).

Kinder und Jugendliche weisen äußerst selten diagnostische bzw. beweisende Befunde auf, da nicht alle strafbaren Handlungen Verletzungen verursachen und das Gewebes aufgrund seiner Dehnbarkeit nicht zwangsläufig verletzt werden muss. Außerdem heilen evtl. vorhandene Verletzungen schnell und häufig vollständig ab.

Zusammenfassend lässt sich also sagen, dass ein unauffälliges kindliches Genital eine stattgehabte sexualisierte Gewalt keinesfalls ausschließen kann.

Es soll jedoch auch erwähnt werden, dass Kinder in Trennungssituationen oder Konflikten zwischen (Es-)Partnern instrumentalisiert werden können. Immer wieder werden Rötungen im Genitalbereich oder unspezifische Symptome wie nächtliches Einnässen oder andere Verhaltensänderungen angegeben, die auf einen sexuellen

Übergriff zurückgeführt werden. Die Unterscheidung von tatsächlichen sexuellen Übergriffen von absichtlich erfolgten Falschanzeigen ist gerade bei kleinen Kindern äußerst schwierig und gehört zu den herausforderndsten (rechts-)medizinischen Aufgaben. Daher sollte neben einer forensischen und kindergynäkologischen Untersuchung auch eine Abklärung des sozialen Umfelds erfolgen. Eine Einbindung von an vielen Kliniken etablierten interdisziplinären Kinderschutzgruppen ist daher jedenfalls sinnvoll, vor allem, wenn das Jugendamt zunächst nicht involviert werden soll oder eine Strafanzeige erstattet wird (Grassberger, Yen, 2013)

Zusammenfassung

Obwohl sich langsam ein Paradigmenwechsel abzuzeichnen scheint, herrschen in der Gesellschaft immer noch längst überholte, stereotype Mythen, dass Opfer sexualisierter Gewalt die Täter durch Kleidung oder Verhalten provoziert hätten. Dies sowie der Umstand, dass häufig eine nahe Täter-Oper-Beziehung besteht, führen dazu, dass Straftaten gegen die sexuelle Selbstbestimmung selten angezeigt werden. Es muss also von einem großen Dunkelfeld ausgegangen werden.

Aufgrund der fachlichen Expertise in forensischen Fragestellungen und der langjährigen und intensiven Zusammenarbeit mit den zuständigen Ermittlungsbehörden sollten die rechtsmedizinischen Institute bei der

Bearbeitung von Sexualdelikten unbedingt einbezogen werden. Auch für die juristische Aufarbeitung und Bewertung eines Sexualdelikts ist die (rechts)medizinische Untersuchung und Spurensicherung von enormer Bedeutung – unabhängig davon, ob unmittelbar oder erst später eine Strafanzeige erstattet wird.

Die meisten rechtsmedizinischen Institute bieten mit den sog. Gewaltopferambulanzen Versorgungsstrukturen an, mit denen Spuren in Fällen körperlicher und/oder sexualisierter Gewalt niedrigschwellig und gerichtsverwertbar gesichert werden können. Um jedoch die politisch geforderte flächendeckende Versorgung etablieren zu können, ist eine auskömmliche Finanzierung der Ambulanzen dringend notwendig.

Literatur

- Adams JA, Farst KJ, Kellogg ND (2018) Interpretation of medical findings in suspected child sexual abuse: an update for 2018. In: J Pediatr Adolesc Gynecol31(3):225–231
- Banaschak S, Debertin AS, Klemm P, Mützel E (2013) Sexualisierte Gewalt. In: Grassberger M, Türk E, Yen K (Hrsg.) Klinisch-forensische Medizin – Interdisziplinärer Praxisleitfaden für Ärzte, Pflegekräfte, Juristen und Betreuer von Gewaltopfern. Springer Wien New York
- Bundesministerium der Justiz und für Verbraucherschutz (2012) Gesetz zur Kooperation und Information im Kinderschutz (KKG) – § 4 Beratung und Übermittlung von Informationen durch Geheimnisträger bei Kindeswohlgefährdung
- Bundesministerium für Familie, Senioren, Frauen und Jugend (2018) Verhütung und Bekämpfung von Gewalt gegen Frauen und häuslicher Gewalt. Gesetz zu dem Übereinkommen des Europarats vom 11. Mai 2011 (Istanbul-Konvention)
- Council of Europe Treaty Series (2011) Übereinkommen des Europarats zur Verhütung und Bekämpfung von Gewalt gegen Frauen und häuslicher Gewalt und erläuternder Bericht
- Grassberger M, Neudecker C (2013) Standardisierte Untersuchung und Spurensicherung nach Sexualdelikt. In: Grassberger M, Türk E, Yen K (Hrsg.) Klinisch-forensische Medizin – Interdisziplinärer Praxisleit-

faden für Ärzte, Pflegekräfte, Juristen und Betreuer von Gewaltopfern. Springer Wien New York
- Grassberger M, Yen K (2013) Vorgetäuschte Sexualdelikte. In: Grassberger M, Türk E, Yen K (Hrsg.) Klinisch-forensische Medizin – Interdisziplinärer Praxisleitfaden für Ärzte, Pflegekräfte, Juristen und Betreuer von Gewaltopfern. Springer Wien New York
- Herrmann B (2015) Leitfaden zur Interpretation medizinischer Befunde bei Verdacht auf sexuellen Kindesmissbrauch. B. Herrmann: Übersetzter und kommentierter Update des „Adams Schema" 2015. In: Info KiM 5(4)
- Hörnberger C (2021) Daten und Fakten von Gewalt. In: Heimann R, Firtzsche J (Hrsg.) Gewalt- und Krisenprävention in Beruf und Alltag. Springer, Wiesbaden
- Krauskopf A, Bux R, Yen K (2013) Das männliche Opfer sexueller Gewalt – Befunde nach Vergewaltigung und homosexuellen Praktiken. In: Grassberger M, Türk E, Yen K (Hrsg.) Klinisch-forensische Medizin – Interdisziplinärer Praxisleitfaden für Ärzte, Pflegekräfte, Juristen und Betreuer von Gewaltopfern. Springer Wien New York
- Mützel E, Debertin AS, Banaschak S (2013) Verdacht auf sexuellen Missbrauch von Kindern. In: Grassberger M, Türk E, Yen K (Hrsg.) Klinisch-forensische Medizin – Interdisziplinärer Praxisleitfaden für Ärzte, Pflegekräfte, Juristen und Betreuer von Gewaltopfern. Springer Wien New York
- Ondruschka B, König C, Bayer R (2018) Klinische Untersuchung aus forensischer Sicht – Schritt für Schritt. In: Notfallmedizin up2date 13:361-369
- Richter C, Lessig R (2022) Spurensicherung und Verletzungsdokumentation in der Präklinik und Notaufnahme. In Notfall Rettungsmed 25: 92-97

- Sperhake JP, Matschke J (2013) Kindesmisshandlung. In: Grassberger M, Türk E, Yen K (Hrsg.) Klinisch-forensische Medizin – Interdisziplinärer Praxisleitfaden für Ärzte, Pflegekräfte, Juristen und Betreuer von Gewaltopfern. Springer Wien New York
- Statista (2022) Anzahl der polizeilich erfassten Fälle von Straftaten gegen die sexuelle Selbstbestimmung in Deutschland von 2009 bis 2020.
- URL: https://de.statista.com/statistik/daten/studie/550357/umfrage/anzahl-der-straftaten-gegen-die-sexuelle-selbstbestimmung-in-deutschland/(abgerufen am 23.02.2022)
- Statista (2022) Anzahl der polizeilich erfassten Fälle von Vergewaltigung und sexueller Nötigung[1] pro 100.000 Einwohner in Deutschland von 2009 bis 2020.
- URL: https://de.statista.com/statistik/daten/studie/1587/umfrage/vergewaltigung-und-sexuelle-noetigung/(abgerufen am 23.02.2022)
- Statista (2022) Anzahl der polizeilich erfassten Kinder, die Opfer von sexuellem Missbrauch wurden, von 2009 bis 2020.
- URL: https://de.statista.com/statistik/daten/studie/38415/umfrage/sexueller-missbrauch-von-kindern-seit-1999/(abgerufen am 23.02.2022)
- Todt M, Brüning T, Debertin AS (2019) Sexueller Missbrauch von Kindern und Jugendlichen – Umgang mit Verdachtsfällen. In: Monatsschrift Kinderheilkunde 167:868-880
- Walz C, Wilke-Schalhorst N, Schwar CS, Germerott T (2021) Rechtsmedizinische Modelle der Versorgung von gewaltbetroffenen Personen in Deutschland. In: Rechtsmedizin https://doi.org/10.1007/s00194-021-00550-0

3 Rosmary Ogu –
Rape – Health implications and an African perspective

John Celestine O, Agala Vetty R, Adikwu Frances,
Ogu Rosemary N
University of Port Harcourt.
Port Harcourt, Nigeria.

Rape – Health implications and an African perspective

Rape is a heinous crime with far-reaching consequences, and it's a global issue that affects people irrespective of their geographic location. In an African context, like in many other regions, addressing and combating rape involves a multifaceted approach.

In Africa, there are diverse cultural, legal, and social perspectives on rape. It's essential to recognize the unique cultural contexts and legal frameworks within each country. Some African nations have made progress in strengthening laws against sexual violence, while others may still face challenges in enforcement and implementation.

Community attitudes and awareness also play a crucial role. Efforts to combat rape often involve education, advocacy, and community engagement to challenge harmful beliefs and promote a culture of consent and respect. Support systems for survivors, including counseling and legal assistance, are crucial in helping them cope with the trauma and seek justice. Collaboration between governments, NGOs, and communities is essential to create a comprehensive response to rape. It involves not only legal measures but also initiatives to address the root causes, such as gender inequality and harmful cultural norms. This forms one of the thrusts of the Medical Women's Association of Nigeria Rape Counselling Response.

Rape is a traumatic experience that impacts its victims in a physical, psychological, and sociological way. Long term reactions may involve the development of coping mechanisms that will either benefit the victim or inhibit their recovery. The National Women's Study produced dramatic confirmation of the mental health impact of rape. The study determined comparative rates of several mental health problems among rape victims and non-victims to ascertain if rape survivors were more likely to experience devastating mental health problems. The health implications of rape can be physical, Psychological, and sociological.

3.1 Physical impact
   3.1.1 Gynaecological (Vaginal or anal bleeding or infection, Hypoactive sexual desire disorder, Vaginitis or vaginal inflammation, Dyspareunia – painful sexual intercourse, Vaginismus – a condition affecting a woman's ability to engage in any form of vaginal penetration, Chronic pelvic pain, Urinary tract infections)
   3.1.2 Pregnancy
   3.1.3 Sexually transmitted diseases; HIV/AIDS,
   3.1.4 Physical injuries, bruises, lacerations.

3.2 Psychological impact
   3.2.1 Immediate Effects such as Anxiety, self-blame,
   3.2.2 Post Traumatic Stress Disorder – an extremely debilitating disorder occurring after a highly disturbing traumatic event
   3.2.3 Depression
   3.2.4 Psychological Impact on Men
   3.2.5 Suicide

3.3 Sociological impact and mistreatment of victims
   3.3.1 Secondary victimization

3.3. Victim blaming

3.4 Reporting a rape

3.5 Recovering from a rape

3.6 Preventing a rape

The consequences of Rape can be chronic. Survivors may suffer from post-traumatic stress disorder and experience re-occurring reproductive, gastrointestinal, cardiovascular, sexual health problems and negative health behaviors. Rape survivors are more likely to smoke, abuse alcohol, use drugs, and engage in risky sexual activity.

Rape can also result in work disruptions, diminished performance, or inability to work. These work disruptions impact earning power and have a long-term effect on the economic well-being of survivors. Coping and completing everyday tasks after a rape can be challenging. Survivors may have difficulty maintaining personal relationships, returning to work or school, and regaining a sense of normalcy.

Self-blame is among the most common of both short- and long-term effects and functions as an avoidance coping skill that inhibits the healing process and can often be remedied by a cognitive therapy technique known as cognitive restructuring.

There are two main types of self-blame: behavioral self-blame (undeserved blame based on actions) and characterological self-blame (undeserved blame based on character). Survivors who experience behavioral self-blame feel that they should have done something differently, and therefore feel at fault. Survivors who experience characterological self-blame feel there is something inherently wrong with them which has caused them to deserve to be assaulted.

A leading researcher on the psychological causes and effects of shame, June Tangney, lists five ways shame can be destructive:

- lack of motivation to seek care;
- lack of empathy;
- isolation;
- anger;
- aggression.

Tangney notes the link of shame and anger. "In day-to-day life, when people are shamed and angry, they tend to be motivated to get back at a person and get revenge."

In addition, shame is connected to psychological problems – such as eating disorders, substance abuse, anxiety, depression, and other mental disorders as well as problematic moral behavior. In one study over several years, shame-prone children were also prone to substance abuse, earlier sexual activity, less safe sexual activity, and involvement with the criminal justice system.

Behavioral self-blame is associated with feelings of guilt within the survivor. While the belief that one had control during the assault (past control) is associated with greater psychological distress, the belief that one has more control during the recovery process (present control) is associated with less distress, less withdrawal, and more cognitive reprocessing. This need for control stems from the just-world belief, which implies that people get what they deserve, and the world has a certain order of things that individuals are able to control. This control reassures them that this event will not happen again.

Counseling responses found helpful in reducing self-blame are supportive responses, psychoeducational responses (learning about rape trauma syndrome) and those responses addressing the issue of blame. A helpful type of therapy for self-blame is cognitive restructuring or cognitive-behavioral therapy. Cognitive reprocessing is the process of taking the facts and forming a logical conclusion from them that is less influenced by shame or guilt. Most rape survivors cannot be reassured enough that what happened to them is "not their fault." This helps them fight through shame and feel safe, secure, and grieve in a healthy way. In most cases, a length of time, and often therapy, is necessary to allow the survivor and people close to the survivor to process and heal.

It's crucial for survivors to seek medical attention promptly to address physical injuries, prevent and manage STIs, and access emergency contraception if needed. Additionally, mental health support, such as counseling and therapy, is essential for healing and recovery.

Efforts to address the health implications of rape require a comprehensive approach that includes medical care, mental health support, and community resources. Creating a supportive environment and reducing the stigma associated with sexual violence are key components in helping survivors regain control of their health and well-being.

Preventing a rape

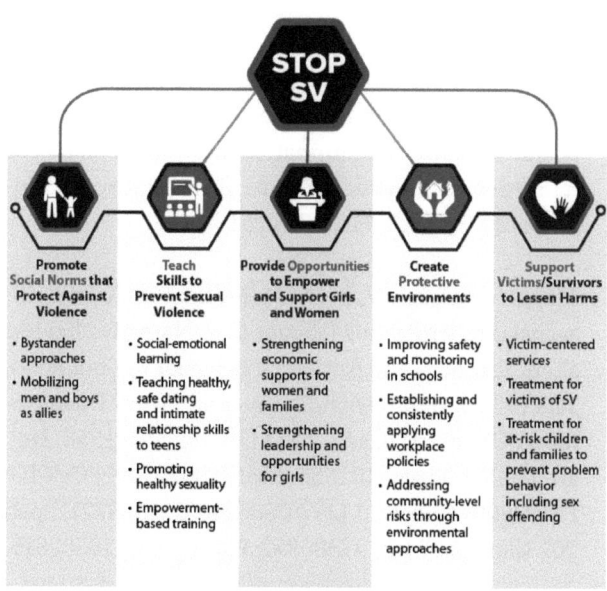

References

- Tangney JP, Wagner P, Fletcher C, Gramzow R. Shamed into anger? The relation of shame and guilt to anger and self-reported aggression. J Pers Soc Psychol. 1992 Apr;62(4):669-75. Doi: 10.1037//0022-3514.62.4.669. PMID: 1583590.

- McCann JP, Tipsword JM, Brake CA, Badour CL. Trauma-Related Shame and Guilt as Prospective Predictors of Daily Mental Contamination and PTSD Symptoms in Survivors of Sexual Trauma. J Interpersonal Violence. 2023 Oct;38(19-20):11117-11137.

- Maggi S, Zaccaria V, Breda M, Romani M, Aceti F, Giacchetti N, Ardizzone I, Sogos C., A Narrative Review about Prosocial and Antisocial Behavior in Childhood: The Relationship with Shame and Moral Development. Children (Basel). 2022 Oct 14;9(10):1556. Doi: 10.3390/children9101556. PMID: 36291492; PMCID: PMC9600945.doi: 10.1177/08862605231179721. Epub 2023 Jun 29. PMID: 37386852; PMCID: PMC10602615.

- Tenaw LA, Aragie MW, Ayele AD, Kokeb T, Yimer NB. Medical and psychological consequences of rape among survivors during armed conflicts in northeast Ethiopia. PLoS One. 2022 Dec 12;17(12): e0278859. Doi: 10.1371/journal.pone.0278859. PMID: 36508404; PMCID: PMC9744300.

4 Juliane Wahren –
Häusliche Gewalt in Zeiten von Corona

4.1 Einleitung 49

4.2 Häusliche Gewalt 50

4.3 Ebenen der Gewaltentstehung/
Risikofaktoren 52
    4.3.1 Ontogenetische Entwicklung 53
    4.3.2 Mikrosystem 54
    4.3.3 Exosystem 57
    4.3.4 Makrosystem 59

4.4 Häufigkeit/Entwicklung der Fallzahlen 61

4.5 Maßnahmen und Empfehlungen
zur Gewaltprävention
unter Pandemiebedingungen 65
    4.5.1 Politik und Zivilgesellschaft 65
    4.5.2 Das Hilfenetz bei häuslicher Gewalt
    und die Soziale Arbeit 67
    4.5.3 Das medizinische System 71

4.6 Fazit 75

4.7 Literatur 77

Anhang: Ansprechpartner*innen/
Hilfeprojekte/Kontaktdaten 83

4.1. Einleitung

Am 25. November jeden Jahres werden in vielen Städten weltweit Gebäude orange illuminiert, um auf häusliche Gewalt aufmerksam zu machen und gemeinsam ein Zeichen dagegen zu setzen. Der Gedenk- und Aktionstag wurde 1981 bei einer Zusammenkunft lateinamerikanischer und karibischer Feministinnen zum Gedenktag für die Opfer von Gewalt an Frauen ausgerufen. Ursprünglich sollte er an die Schwestern Patria, Minerva und Maria Mirabal erinnern, die 1960 in der Dominikanischen Republik ermordet wurden, weil sie einer Widerstandsbewegung angehörten (vgl. Dillmann 2014). 1999 erklärte die Generalversammlung der Vereinten Nationen den 25. November zum internationalen Tag zur Beseitigung von Gewalt gegen Frauen. An jedem 25. November wird weltweit durch vielfältige Aktionen auf Gewalt an und gegen Frauen hingewiesen.

Durch die Corona-Pandemie bekommt das Thema eine besondere Relevanz, da in dem pandemiebedingten Lockdown Frauen verstärkt häuslicher Gewalt ausgesetzt waren. Inzwischen liegen erste Zahlen zur Verbreitung häuslicher Gewalt während der beginnenden Coronapandemie im Jahr 2020 vor. Nachfolgend werden diese erläutert, mögliche Ursachen und Hintergründe für den Anstieg der Gewalt gegen Frauen in bestehenden und ehemaligen Partnerschaften thematisiert.

Abschließend werden Empfehlungen für Politik und Zivilgesellschaft, das Hilfenetz und Soziale Arbeit sowie das medizinische System vorgestellt und Erkenntnisse zur Prävention psychischer Belastungen in Zusammenhang mit der Corona-Pandemie erläutert.

4.2. Häusliche Gewalt

Das Phänomen häusliche Gewalt findet in allen sozialen Schichten unabhängig vom kulturellen Hintergrund statt. Weltweit sind vor allem Frauen von Gewaltausübung durch ihren Ehemann oder (Ex-) Partner betroffen. Gewalt in Beziehungen findet meist in der eigenen Wohnung statt, die eigentlich ein Schutz- und Rückzugsort sein und der Erholung dienen sollte. Nach Krug et al. (2005) wird häusliche Gewalt als eines der größten Gesundheitsrisiken für Frauen weltweit angesehen, das zu einem hohen Unterstützungsbedarf führt, „auf den das bisher entwickelte Hilfesystem noch kaum vorbereitet scheint (...)" (Müller et al. 2004: 16 f.). Physische, psychosomatische und/oder psychische Folgen können gravierend sein und schlimmstenfalls bis zum Tod oder einer dauerhaften Behinderung oder psychischen Erkrankung führen (vgl. WHO 2013). Abgesehen von persönlichen und sozialen Folgen geht häusliche Gewalt auch mit persönlichen und gesellschaftlichen Kosten in Milliardenhöhe einher (vgl. Sacco 2017). Doch was genau wird unter häuslicher Gewalt verstanden?

Es existieren unterschiedliche Definitionen häuslicher Gewalt. Polizeiliche und juristische Definitionen beziehen sich auf straf- oder zivilrechtlich bedeutsame Formen von Gewalt in Partnerschaften, die bereits aufgelöst sind oder noch bestehen. „Häusliche Gewalt umfasst alle Formen physischer, sexueller und/oder psychischer Gewalt zwischen Personen in zumeist häuslicher Gemeinschaft. Dabei spielt es keine Rolle, ob die Personen in Ehe, eingetragener Partnerschaft oder einfach nur so zusammenleben, welche sexuelle Orientierung vorliegt oder ob es sich um eine Gemeinschaft mehrerer Generationen handelt. Wichtig ist, dass es sich um eine Beziehung handelt (die noch besteht, in Auflösung befindlich ist oder seit einiger Zeit aufgelöst ist). Der Ort des Geschehens kann dabei auch außerhalb der Wohnung liegen, z. B. Straße, Geschäft und Arbeitsstelle, häufig ist jedoch die Wohnung selbst der Tatort." (Polizeiliche Kriminalprävention der Länder und des Bundes (Pro PK) o. J.). In wissenschaftlichen oder aus der Praxis der Sozialen Arbeit entwickelten Definitionen, werden weitere Gewaltarten thematisiert, die über die strafrechtlich relevanten Formen hinausgehen. Die Berliner Interventionszentrale gegen Gewalt gegen Frauen (BIG e.V.) differenziert die Arten häuslicher Gewalt stärker aus, als „die Formen der physischen, sexuellen, psychischen, sozialen und emotionalen Gewalt, die zwischen erwachsenen Menschen stattfindet, die in nahen Beziehungen zueinander stehen oder gestanden haben. Das sind in erster Linie Erwachsene in ehelichen oder nicht-ehelichen Lebensgemeinschaften, aber auch in anderen Verwandtschaftsbeziehungen." (o. J.: 4). Andere Autor*innen (vgl. bspw. Gorde et al. 2004) benennen zusätzlich zu den genannten Gewaltarten ökonomische bzw. finanzielle Gewalt als weitere Ausprägung häuslicher Gewalt, die zur finanziellen Abhängigkeit und einem längeren Verbleib in der gewaltgeprägten Beziehung führen kann.

Faktoren, die zur Entstehung von gewalttätigen Handlungen in Partnerschaften beitragen sind vielschichtig und komplex. Sie können durch die Veränderungen der gesellschaftlichen Bedingungen während der Corona-Pandemie auf der individuellen, der Paarebene, der Ebene der sozialen Umfelder sowie der Ebene der staatlichen Gesundheits-, Bildungs- und Wirtschaftspolitik verstärkt werden.

4.3 Ebenen der Gewaltentstehung/ Risikofaktoren

Für die Entstehung häuslicher Gewalt existieren vielfältige Erklärungsversuche, die sich nach dem derzeitigen Forschungsstand zwischen individuell sozial-psychologischen oder gesellschaftlich strukturellen Ursachen der Gewaltentstehung bewegen. Eines ist allen Modellen gemeinsam: Einfache Erklärungsansätze zur Gewaltentstehung reichen nicht aus, da Risikofaktoren für gewalttätiges Handeln auf verschiedenen Ebenen angesiedelt sein und sich gegenseitig verstärken können. Ein Modell, in das individuelle, sozialpsychologische und soziokulturelle Theorieansätze einfließen, entwickelten Bronfenbrenner et al. (vgl. 1981) – den ökologischen Ansatz der Gewaltentstehung. Diesen Ansatz entwickelte Dutton (vgl. 1985, vgl. 1988: 45) in Bezug auf Gewalt gegen Frauen weiter. Er unterscheidet die vier Ebenen:

- ontogenetische Entwicklung
- Mikrosystem
- Exosystem
- Makrosystem,

wobei jede der Ebenen in die nächsthöhere Ebene integriert ist. Insbesondere in Zeiten des Lockdowns während der Corona-Pandemie wurden diese Ebenen durch die gesellschaftlichen Umstände tangiert – auf jeder der Ebenen traten verstärkt Risikofaktoren häuslicher Gewalt auf. Ein Blick auf diese bietet exemplarisch Ansatzpunkte für die Erklärung des Anstieges der Fälle häuslicher Gewalt insbesondere in Zeiten des Lockdowns während der Coronapandemie.

4.3.1 Ontogenetische Entwicklung

Auf der Ebene der ontogenetischen Entwicklung werden Kindheitserlebnisse der Personen verortet, die entweder selbst Gewalt in der Familie erlebt haben oder Gewalt zwischen den Eltern erleben mussten (vgl. Dutton 1988: 51). Weitere Faktoren, die auf diesem Level verortet werden, sind das Stressempfinden von Personen und deren Umgang damit, erlernte und verbale Fähigkeiten, Empathie, emotionale Reaktionen sowie das Gewissen (vgl. ebd.). Durch die Corona-Pandemie wurde das Stressempfinden vieler Menschen erhöht. In einer Studie des Zentrums für seelische Gesundheit der Medizinischen Hochschule Hannover berichteten 50,9 % der Befragten, dass sie reizbarer waren, 29 % gaben größere Aggressionen zumeist gegen andere Personen (65,5 %) im Vergleich zu der Zeit vor der Pandemie an (vgl. Krüger 2020). Die Studie gibt Hinweise darauf, dass die Umstände der Coronapandemie im Zusammenhang u. a. mit stärkerem Stressempfinden und verstärkten Aggressionen stehen, welche häusliche Gewalt begünstigen können. Auch Clemens et al. (vgl. 2021) fanden heraus, dass je öfter Personen in ihrer Kindheit belastenden Ereignissen ausgesetzt waren, desto höher war das Risiko im Erwachsenenalter von häuslicher Gewalt betroffen zu sein. Sind keine Rückzugsmöglichkeiten vorhanden, können sich Partnerschaftsprobleme verstärken und in aggressives Verhalten bzw. körperliche Gewalt umschlagen, wenn funktionale Bewältigungsstrategien fehlen (vgl. Hahlweg et al. 2020). Das ist insbesondere der Fall, wenn Personen ein hohes Stressempfinden aufweisen und zu emotionalem Coping tendieren bzw. die erlernten und verbalen Fähigkeiten, die Stärke, Empathie empfinden und zeigen zu können wenig ausgeprägt sind. Die Zunahme des Grübelns, von Ängsten und Sorgen während der Pandemie beeinflusst bei vielen Menschen das Schlafverhalten und die Schlafqualität. Wut, Verzweiflung und Reizbarkeit können die Folge sein und ein Risiko für die Ausübung häuslicher Gewalt darstellen (vgl. ebd.).

4.3.2 Mikrosystem

Auf der zweiten Stufe des ökologischen Ansatzes der Gewaltentstehung befindet sich das Mikrosystem, die Situation, in der sich das Paar oder die Familie befindet. Eine besondere Bedeutung wird auf dieser Ebene der Kommunikation zwischen den einzelnen Mitgliedern beigemessen, da Kommunikationsmuster über Machtressourcen festgeschrieben werden. „While microsystem process may produce conflict and anger, the individual's behavioral response to this anger (withdrawal, depression, aggression, etc.) may be ontogenetically learned"(Dutton 1988: 57). Der Zusammenhang zwischen der Ebene der ontogenetischen Entwicklung und der Mikrosystemebene wird in diesem Zitat deutlich. Für das Risiko der Gewaltentstehung auf der Ebene des Mikrosystems gibt es zur Zeit der Coronapandemie vielfältige Anhaltspunkte. Insbesondere während des Lockdowns kommt der Familie einerseits eine große Bedeutung bei der Bewältigung der Krise zu, andererseits birgt sie auch enormes Konfliktpotential. „Angesichts der derzeit geltenden Maßnahmen kommt Familien und anderen Formen der Partnerschaften eine zentrale Rolle zu. Sie verbleiben oft als einziger Ort, an dem dringliche Lebensvollzüge einschließlich Ernährung und Konsum, Face-to-Face-Kommunikation und Geselligkeit, Kindererziehung, Bildung und Unterhaltung, aber auch Spannungsabbau und das Austragen von Konflikten noch stattfinden" (Leopoldina 2020: 4). Nach Hahlweg et al. (vgl. 2020) ist durch die Pandemie als akute Bedrohung für das familiäre Wohlbefinden die Zufriedenheit mit der Kinderbetreuung und dem Familienleben gesunken. Soziale Belastungen und psychische Reaktionen der Familienmitglieder, die Notwendigkeit, plötzlich sehr viel Zeit miteinander zu verbringen bei gleichzeitiger Einschränkung anderer Aktivitäten – beruflich und sozial – kann von verstärkten Konflikten in Familien und Beziehungen bis hin zu körperlicher Gewalt führen (vgl. ebd.). Für Paare bestehen durch Kontaktbeschränkungen und Quarantänemaßnahmen beträchtliche Herausforderungen im Zusammenleben, da gewohnte Rituale, Handlungsabläufe oder Freizeitgestaltungen nicht mehr möglich sind. Zugleich sind schnelle improvisierte Lösungen zu finden und das Organisationschaos zu gestalten, z.B. in Bezug auf „home office" und „home schooling". Täglich sind neue Informationen zum Thema Coronapandemie zu verarbeiten, ohne in Panik zu verfallen. In vielen Partnerschaften spielt die Sorge um die eigene gesundheitliche Situation und die von Angehörigen eine Rolle, insbesondere wenn diese Personen zu einer Risikogruppe gehören oder die eigene Arbeit mit Personenkontakt stattfindet. Sorgen und Ängste, die durch die Pandemie entstehen oder verstärkt werden, führen zur Suche nach Verständnis und Halt in der Partnerschaft. Kann der/die Partner*in dies nicht leisten, da er/sie selbst durch Ängste gelähmt, wütend, kraftlos oder verzweifelt ist und zudem keine Möglichkeit besteht, sich anderweitig zu entlasten und Selbstfürsorge zu betreiben, erhöht sich das Konfliktpotential in der Beziehung. Es kommt durch eine Verschlechterung in der dyadischen Kommunikation zu Missverständnissen, Gereiztheit und stärkeren Streitereien, wodurch Sexualität und Zärtlichkeit beeinträchtigt werden und die Beziehungszufriedenheit sinkt (vgl. Hahlweg et al. 2020). Die Ungewissheit und innere Anspannung in Zeiten der Pandemie kann zur Reduktion positiver Interaktionen in der Beziehung führen. Insbesondere bei räumlicher Enge können sich Zeichen von Zuneigung reduzieren, da Menschen in belastenden Situationen häufig mit Rückzug reagieren. Bestehen keine ausreichenden räumlichen Rückzugsmöglichkeiten durch beengte Wohnverhältnisse, ziehen sich Menschen in sich selbst zurück, es kommt zum Ignorieren des Partners/der Partnerin. Diese/r fühlt sich nicht gesehen oder missverstanden. Dadurch können sich Partnerschaftsprobleme verschärfen und in Gewaltsituationen enden, ohne dass eine adäquate Konfliktlösung gefunden werden kann.

Die Streitmuster werden mit steigender Dauer aggressiver, Interaktionen werden als verletzend erlebt, Konflikte eskalieren (vgl. ebd.). Auch wenn Eltern ungünstiges Erziehungsverhalten aufgrund großer Stressbelastung durch die Pandemie und die beengteren Wohn- und Lebensverhältnisse während des Lockdowns an den Tag legten, stieg das Risiko für häusliche Gewalt. Dies kam insbesondere in Familien zum Tragen, in denen Kinder vorwiegend externalisierendes Verhalten zeigten (vgl. Clemens et al. 2021).

4.3.3 Exosystem

Als Exosystem, die dritte Stufe im ökologischen Ansatz der Gewaltentstehung, werden formelle und informelle Strukturen bezeichnet, die mit den Gegebenheiten des Mikrosystems und der Ebene der ontogenetischen Entwicklung interagieren. Dazu zählen bspw. die Arbeitsplatzsituation, Isolation, Stress, soziale Kontakte und Unterstützungssysteme außerhalb der Beziehung (z. B. Freundschaften) oder andere Personen, die das Paar bzw. die Familie mit der Umwelt in Verbindung setzen. Durch die Corona-Pandemie wurden speziell die auf der Ebene des Exosystems wirkenden Faktoren verstärkt. Soziale Isolation und Arbeitslosigkeit bzw. die Sorge um den Arbeitsplatz und die finanzielle Situation können gewaltfördernd wirken, wenn sie mit gewaltfördernden mikrosystemischen und ontogenetischen Faktoren zusammentreffen. „Exosystem factors interact with microsystem and ontogenetic factors so that increases in unemployment would produce violence only in families with dysfunctional interaction patterns or in men with learned dispositions to react to stress with violence. "(Dutton 1988: 53 f.). In der Studie von Clemens et al. (vgl. 2021) postulieren die Autor*innen, dass eine Reduktion des Einkommens mit einem erhöhten Risiko für häusliche Gewalt einhergeht. Auch in Fällen, in denen das Haushaltseinkommen kaum ausreiche, um die laufenden Lebenshaltungskosten zu decken, verzeichnen sie ein erhöhtes Risiko der Gewaltentstehung. Sozial benachteiligte Personen tragen ein besonderes Risiko. Auch in den Ergebnissen der Studie von Steinert und Ebert (vgl. 2020) wird deutlich, dass Armut, Jobverlust, eine beengte Wohnsituation, finanzielle Unsicherheiten und Quarantänemaßnahmen zur Potenzierung des Gewaltrisikos beitragen. „Finanziellen Sorgen, z. B. um eine wirtschaftliche Rezession oder einen Arbeitsplatzverlust aufgrund von Corona können das Risiko von Gewalt an Frauen (…) erhöhen" (Steinert/Ebert 2020: 2). „In Haushalten, in denen einer der beiden Partner in Kurzarbeit war oder den Arbeitsplatz aufgrund von Corona verloren hatte, war das Konflikt- und Gewaltpotential ebenfalls höher" (ebd.: 3), genau wie in Haushalten, wo sich Frauen in Heimquarantäne befanden (vgl. ebd.: 1). Es wird deutlich, dass die Erhöhung des Gewaltrisikos ein strukturelles Problem ist, da bestimmte Bevölkerungsgruppen eine größere Gefährdung aufweisen als andere. Ausgangsbeschränkungen und Kontaktverbote stellen hohe Anforderungen an die Flexibilität und Anpassungsfähigkeit der Individuen, da sie die Bewegungsfreiheit behindern und zu einem permanenten Kontakt zu Haushaltsangehörigen führen – oft unter beengten räumlichen Verhältnissen (vgl. Fabini 2020).

Die Verschärfung von vorher schon zugespitzten Situationen durch Ausgangssperren, Existenzängste, Unbeständigkeiten des Alltags und neue Herausforderungen/Überforderungen bspw. durch paralleles Stattfinden von „home schooling", „home office" und Haushaltsführung auf der einen Seite und das Fehlen von Entlastungs- und Erholungsmöglichkeiten durch Sportangebote, soziale Kontakte außerhalb der Familie und kreative Freizeitgestaltung auf der anderen Seite können einen Kontrollverlust begünstigen und zu häuslicher Gewalt führen (vgl. Radau 2021). Zeitgleich fallen entscheidende Unterstützungsgeber*innen, wie Freund*innen und Familienangehörige, aber auch Lehrer*innen und Erzieher*innen der Kinder, Arbeitskolleg*innen, Ärzt*Innen und Schutzangebote für gewaltbetroffene Menschen weg oder sind nicht erreichbar, wodurch der Verbleib in der gewaltgeprägten Situation und das Vertuschen von Partnergewalt begünstigt wird. Sind beide Partner*innen kontinuierlich zu Hause, können durch die räumliche Beengtheit familiäre Spannungen auftreten, die sich in gewalttätigen Konflikten entladen. Durch die ständige Anwesenheit beider Parteien wird der Zugang zu Hilfeangeboten erschwert, selbst wenn diese telefonisch oder per Internet erreichbar wären.

4.3.4 Makrosystem

Auf der vierten Ebene des ökologischen Ansatzes der Gewaltentstehung ist das Makrosystem verortet. Dort sind Überzeugungsmuster und kulturelle Werte angesiedelt. In Kulturen, in denen Gewalt als ein legitimes

Mittel angesehen wird, um Kontrolle und Disziplinierungsmaßnahmen von Männern gegenüber Frauen auszuüben, wird Gewalt angewendet werden: „(...) the culture provides a set of cues, directives, and norms which excuse or legitimize the violence of man towards his spouse" (Dutton 1985: 406). In Krisensituationen tendieren Menschen dazu, in traditionelle Verhaltensmuster zurückzufallen. In der länderübergreifenden Studie von Krug et al. (vgl. 2002) wird deutlich, dass in Ländern mit traditionellen Rollenverteilungen und religiösen Vorstellungen, die Gewalt als legitimes Konfliktlösemittel ansehen, die Raten häuslicher Gewalt deutlich erhöht sind. Wenn durch die Gesundheits-, Wirtschafts- und Bildungspolitik, wirtschaftliche und soziale Ungleichheit in der Verteilung der Ressourcen festgeschrieben oder gefördert werden, kann dies zu den gesellschaftlichen Prädiktoren für ein erhöhtes Auftreten häuslicher Gewalt gezählt werden. Wirtschaftssektoren mit einem hohen Frauenanteil, z. B. das Gastgewerbe, sind durch Kurzarbeit und Arbeitslosigkeit infolge der Corona-Pandemie besonders betroffen. „Hinzu kommt, dass Frauen häufig ein niedrigeres Kurzarbeitergeld [bei verheirateten Frauen aufgrund ihrer Lohnsteuerklasse, Anm. J.W.] erhalten als Männer. (...) Andererseits erhalten Frauen seltener eine Aufstockung des Kurzarbeitergeldes durch die Arbeitgeber. Unter den geringfügig Beschäftigten, die keine Ansprüche auf Kurzarbeitergeld haben und damit dem Risiko des Arbeitsplatzverlustes noch stärker ausgesetzt sind, sind ebenfalls mehrheitlich Frauen vertreten. Im Zusammenspiel mit der Tatsache, dass Frauen auch die Hauptlast der zusätzlichen Sorgearbeit aufgrund des eingeschränkten Kita- und

Schulbetriebes tragen, lässt sich folgern, dass Frauen von der Corona-bedingten Wirtschaftskrise in besonderem Maße betroffen sind." (Hammerschmid et al. 2020). Mit anderen Worten verschärfen die Pandemiefolgen und die Coronamaßnahmen, die für die Eindämmung der Pandemie sinnvoll und bedeutsam sind, wirtschaftliche und soziale Ungleichheit, wodurch auf der Ebene des Makrosystems Risiken der Gewaltentstehung gefördert werden, die wiederum die drei vorab beschriebenen Ebenen beeinflussen und Risikofaktoren auf diesen verstärken können.

4.4 Häufigkeit/Entwicklung der Fallzahlen

Nicht nur die Coronapandemie, sondern auch häusliche Gewalt sind globale Themen. Letztere kommt in allen Ländern unabhängig von der sozialen Schicht, dem Alter, dem Bildungsstand, der Kultur, vom Einkommen oder den Nationalitäten der Betroffenen vor. Im „World report on violence and health", der Ergebnisse internationaler Studien zu häuslicher Gewalt aus fünf Kontinenten zusammenführt, liegen die Raten für körperliche Gewalt durch den Intimpartner zwischen 10 % und 69 % (vgl. Krug et al. 2002). In der deutschen Prävalenzstudie gaben 25 % der befragten Frauen an, von physischer und/oder sexueller Gewalt in der Partnerschaft betroffen zu sein. Das Erleben ausschließlich körperlicher Gewalt bejahten 23 % der befragten Frauen (vgl. Müller et al. 2004: 29).

Ökonomische Krisen und sozialer Stress können neben weiteren Bedingungen die Zunahme der Fälle und die Schwere häuslicher Gewalt begünstigen. In den Medien wurde zu Beginn des Lockdowns in der Coronapandemie vor einer deutlichen Zunahme von innerfamiliärer Gewalt, insbesondere von Gewalt gegen Frauen und Kinder in der Pandemiezeit gewarnt. Auch die Weltgesundheitsorganisation WHO sprach deutliche Warnungen vor einer Zunahme der Fälle von Gewalt gegen Frauen durch (ehemalige) Beziehungspartner aus (vgl. WHO 2020). In ersten Untersuchungen im Jahr 2020 wurde der Anstieg der Anrufe bei Hilfetelefonen aufgrund von häuslicher Gewalt deutlich. Phasenweise vervielfachte sich die Zahl der Anrufe um das zwei- bis dreifache im Vergleich zum Vorjahreszeitraum (vgl. Schellong 2021). Teilweise wurde berichtet, dass das medizinische System weniger Fälle von Gewaltfolgen und weniger Kontakte zu Hilfeangeboten für gewaltbetroffene Personen während des strengen Lockdowns verzeichnet hatten. Es kann angenommen werden, dass eingeschränkte Zeiten in der Notaufnahme und die Angst vor der Ansteckung mit dem Corona-Virus zu einer späteren medizinischen Versorgung führte (vgl. ebd.). Während der Lockerungen der Pandemiemaßnahmen wurden jedoch schwerere Verläufe häuslicher Gewalt sichtbar, die eine längere und verstärkte Eskalation der Beziehungsgewalt vermuten lassen. Die Mitarbeiter*innen des bundesweiten Hilfetelefons „Gewalt gegen Frauen" beschreiben eine Zunahme der Anrufe um 20 % im Vergleich zum Vorjahr (vgl. Presse- und Informationsamt der Bundesregierung 2020). Die Gewaltschutzambulanz der Charité Berlin verzeichnet einen deutlichen Anstieg der Schwere der Fälle und eine wellenartige Veränderung der Fallzahlen, die sich im ersten und zweiten Lockdown jeweils verringerten und mit den Lockerungen deutlich anstiegen (im Juni 2020 Anstieg um 29 Prozent) (vgl. Senatsverwaltung für Justiz, Verbraucherschutz und Antidiskriminierung 2021). „Ausgangsbeschränkungen im Rahmen der Covid-19-Pandemie haben möglicherweise unbeabsichtigte soziale, gesundheitliche und wirtschaftliche Kosten verursacht, da diese mit einer Zunahme von häuslicher Gewalt einhergehen" (Amarel et al. 2020).

Eine erste repräsentative Online-Befragung (vgl. Steinert/Ebert 2020) während der Zeit der Covid-19- bedingten Ausgangsbeschränkungen im Frühjahr 2020 kommt zu dem Ergebnis, dass 3,1 % der befragten Frauen körperliche Auseinandersetzungen mit (Ehe-)Partnern im letzten Monat angaben, 1,5 % aller Befragten wurden verletzt (vgl. ebd.). Emotionale Gewalt, insbesondere durch Bedrohung wurde mit 3,8 % angegeben. In 2,2 % der Fälle mussten die Befragten die Erlaubnis des Partners einholen, wenn sie das Haus verlassen wollten. Die Regulierung sozialer Kontakte erfolgte bei 4,6 % der Befragten durch den Partner, was auf ein erhöhtes Risiko der Isolation schließen lässt. Sexuelle Gewalterfahrungen wurden von 3,6 % der befragten Frauen angegeben (vgl. Steinert/Ebert 2020). Es ist anzunehmen, dass eine hohe Dunkelziffer existiert, weil es einerseits den Betroffenen während der Lockdownzeit in der Coronapandemie aufgrund der Kontrolle des Partners nicht möglich war, Hilfeangebote zu kontaktieren. Andererseits waren insbesondere in der Anfangszeit der Pandemie einige professionelle Hilfeangebote durch die Kontaktbeschränkungen reduziert, nicht in gewohnter Weise oder im üblichen Umfang erreichbar. Zu hilfreichen anderen Personen, z. B. Verwandten, Arbeitskolleg*innen, Nachbar*innen, Lehrer*innen der Kinder, die unter Umständen Anzeichen häuslicher Gewalt bemerkt und Hilfe angeboten oder vermittelt hätten, waren durch die Kontaktbeschränkungen und die Arbeit im „home office" kaum mehr ein persönlicher direkter Kontakt möglich (vgl. Fabini 2020).

Inzwischen liegen zuverlässige Zahlen vor, die eine Steigerung der Fälle häuslicher Gewalt empirisch belegen können. Die polizeiliche Kriminalstatistik (vgl. Bundeskriminalamt 2021) weist für das Jahr 2020 einen Anstieg der Fälle häuslicher Gewalt um 4,9 % aus. Auch die Anzahl der Opfer häuslicher Gewalt erhöhte sich auf 148.031, das fünfte Jahr in Folge. Von den Betroffenen sind 80,5 % weiblichen Geschlechts. „Von 148.031 Opfern häuslicher Gewalt wurden die meisten Opfer bei einer vorsätzlichen einfachen Körperverletzung (91.212), gefolgt von Bedrohung, Stalking und Nötigung (33.022) und gefährlicher, schwerer Körperverletzung oder einer solchen mit Todesfolge (insgesamt 18.097) erfasst. Ferner wurden 3.389 Opfer von sexuellen Übergriffen, sexueller Nötigung und Vergewaltigung und 1.759 Opfer von Freiheitsberaubung registriert. Insgesamt wurden 460 Personen als Opfer von Mord und Totschlag (0,3 %) erfasst. Die Anzahl der Opfer bei vollendetem Mord und Totschlag lag bei 158, davon 132 weibliche und 26 männliche. Hinzu kommen sieben Fälle von Körperverletzung mit Todesfolge durch Partnerschaftsgewalt bei Frauen und vier Fälle bei Männern. Damit sind 139 Frauen und 30 Männer Opfer von Partnerschaftsgewalt mit tödlichem Ausgang geworden." (Bundeskriminalamt 2021: 6).

Somit stehen erste Zahlen zum Gewaltauftreten zur Verfügung, diese bilden jedoch nur das Hellfeld ab. Es bleibt zu vermuten, dass die Anzahl der tatsächlichen Fälle häuslicher Gewalt wesentlich höher ist und insbesondere während der Zeiten des Lockdowns „hinter verschlossenen Türen" stattfand und nicht zur Anzeige gebracht wurde.

4.5 Maßnahmen und Empfehlungen zur Gewaltprävention unter Pandemiebedingungen

Damit häusliche Gewalt früher erkannt, Betroffene besser erreicht, Schutz- und Hilfeangebote in ausreichender Zahl bereitgestellt und auf die jeweiligen Bedürfnisse und Hilfebedarfe der Betroffenen auch unter Pandemiebedingungen angepasst werden können, braucht es die Ableitung konkreter Empfehlungen und Maßnahmen der Gewaltprävention aus den bisherigen Erfahrungen und dem Wissen um Risikofaktoren häuslicher Gewalt zu Pandemiezeiten auf unterschiedlichen Ebenen.

4.5.1 Politik und Zivilgesellschaft

Amarel et al. (vgl. 2020) leiten aus der Sichtung unterschiedlicher Studien Empfehlungen für die Politik und Zivilgesellschaft ab. „Diese Studien heben zwei Schlüsselaspekte hervor, die für die Bekämpfung von häuslicher Gewalt entscheidend sind. Erstens zeigen sie, dass Politikmaßnahmen, die darauf abzielen, Einkommenseinbußen von Familien abzumildern, zu weniger familiärer Gewalt führen. Des Weiteren verbessern sie gleichzeitig die Art und Weise, wie Familien sich selbst helfen – d. h., dass sie nach einer offiziellen Anlaufstelle suchen, die sie als geeignet erachten, um Missbrauchsvorfälle aufzudecken." (Amarel et al. 2020: 54). Zum ersten Punkt empfehlen die Forscher*innen, dass Sozialleistungen angepasst werden sollten, um insbesondere das Einkommen von „Risikofamilien" zu stabilisieren und den Zugang zum Hilfesystem erleichtern. Zur Optimierung der Selbsthilfemöglichkeiten von Betroffenen plädieren Amarel et al. (vgl. 2020) beispielsweise für die verbesserte Sichtbarkeit von Angeboten, das Vorhalten von Notplätzen und die Einstufung von Frauenhäusern und anderen Hilfestellen als systemrelevant. Für Beratungsangebote und Therapien empfehlen sie einen niedrigschwelligen Zugang, notfalls auch online, um über diese auch einen besseren Zugang auch zu offiziellen Anlaufstellen bei häuslicher Gewalt zu schaffen. Um Fälle häuslicher Gewalt frühzeitig zu erkennen, sollen Weiterbildungen für Lehrer*innen, Polizist*innen und andere Berufsgruppen zum Phänomen häuslicher Gewalt stattfinden. Bei der Polizei sollen verstärkt Frauen eingesetzt werden, wodurch die Inanspruchnahme der Polizeidienste durch Opfer häuslicher Gewalt erhöht werden soll. Zusammengefasst sehen Amarel et al. viele Möglichkeiten, wie Regierungen und auch die Zivilgesellschaft soziale, gesundheitliche und wirtschaftliche Kosten einschränken können, „indem sie sich auf die Verbesserung des Zugangs zu Sozialleistungen konzentrieren, die das Gesamteinkommen der Haushalte von Risikofamilien erhöhen, und ii) die Prozesse erleichtern, über die Opfer von häuslicher Gewalt Hilfe suchen können, indem die Polizei, Sozialdienste, Schulen und die lokale Gemeinschaft geschult und gestärkt werden, Gewalttaten zu erkennen und zu melden." (ebd.: 55). Auch wenn die Schutzmaßnahmen während der Corona-Pandemie zu einem verstärkten Verbleiben in der Häuslichkeit führten und Risikofaktoren für die Eskalation von Konflikten verstärkt auftraten, bleibt häusliche Gewalt weiterhin keine Privatsache. Nachbar*innen, Angehörige und andere Personen der Zivilgesellschaft sollten nicht wegschauen und sich über Hilfemöglichkeiten informieren, damit sie im Notfall in der Lage sind, Zivilcourage zu zeigen und Hilfe zu vermitteln. Personen sollten sensibilisiert werden, häusliche Gewalt in ihrem Umfeld wahrzunehmen. Fabini leitet aus bisher gewonnenen Daten und Erfahrungen ab, dass eine „Sensibilisierung für das Thema häusliche Gewalt" (2020: 28) und Kenntnisse über deren verschiedene Ausprägungen ein erster Schritt der Gewaltprävention sind.

4.5.2 Das Hilfenetz bei häuslicher Gewalt und die Soziale Arbeit

Hahlweg et al. (vgl. 2020) postulieren, dass schon einige Präventionsmaßnahmen seit Beginn der Pandemie ins Leben gerufen wurden. So wurden seit Januar 2020 120 Millionen Euro zum Ausbau der Frauenhäuser und anderer Hilfen für gewaltbetroffene Frauen durch das Bundesinvestitionsprogramm „Gemeinsam gegen Gewalt gegen Frauen" zur Verfügung gestellt. Darüber hinaus wurden Familien mit geringem Einkommen mit einem Notfallkinderzuschlag von bis zu 185 Euro pro Kind von April bis September 2020 zusätzlich zum Kindergeld unterstützt. Dadurch sollen finanzielle Einbußen abgefedert werden, die durch die Pandemie entstanden waren. Da natürliche Unterstützungsnetze während des Lockdowns weniger gut erreichbar waren und gewaltbetroffene Frauen mehr Zeit im Haushalt mit dem Täter verbringen mussten, ist davon auszugehen, dass durch die räumliche Enge und ein erhöhtes Stressniveau verstärkt Aggressionen auftraten. Umso wichtiger sind Beratungen und Schutzangebote während dieser Zeit. Das Hilfetelefon „Gewalt gegen Frauen" ist unter der Nummer 0800/116016 rund um die Uhr erreichbar. Die Beratung erfolgt kostenlos, auf Wunsch anonym und ist in 18 Sprachen möglich. Solche niedrigschwelligen Angebote sollten dauerhaft finanziert werden (vgl. ebd.).

Neben den aufgeführten Entwicklungen sprechen sich Hahlweg et al. (vgl. 2020) für neue Formen der Unterstützung mit Hilfe des Internets als Ergänzung zum bestehenden Hilfenetz aus. Sie empfehlen:

Erstens die Entwicklung und Förderung von Internetplattformen zum angemessenen Umgang mit familiären Krisensituationen. Diese sollen für Betroffene einfach und schnell erreichbar sein sowie verständliche, praxisnahe und handlungsorientierte Tipps für familiäre Krisensituationen bieten.

Zweitens soll eine finanzielle Förderung der Nutzung von interaktiven Online-Programmen insbesondere für finanzschwache Familien erfolgen. Wenn es schon zu einer Eskalation der Streitigkeiten in der Familie kam, ist

Informationsvermittlung oft nicht ausreichend, um die Lage zu deeskalieren. Daher sollen interaktive Selbsthilfeprogramme dazu beitragen, die Lage zu entspannen. Da diese oft kostenpflichtig sind, braucht es finanzielle Unterstützung für eine kostenfreie Nutzung der webbasierten Programme.

Darüber hinaus fordern Hahlweg et al. (vgl. 2020) drittens die Initiierung und Finanzierung von umfangreichen Aufklärungskampagnen zu onlinebasierten Programmen zur Pflege der Partnerschaft. Deren Bekanntmachung soll bspw. durch Plakataktionen der Bundeszentrale für gesundheitliche Aufklärung an öffentlichen Plätzen, Beiträge in sozialen Medien, von der Gemeinde ausgestellten „Paar-Briefen", Broschüren für Neuverheiratete beim Standesamt, Podcasts zu Partnerschaft und Familie und den damit verbundenen Herausforderungen und Problemen oder auf Flyern, die in Arztpraxen ausgelegt werden, passieren.

Als vierte Präventionsmaßnahme empfehlen Hahlweg et al. die Identifikation von fragwürdigen oder schädlichen Online-Programmen durch eine unabhängige Kommission, die eine Liste empfehlenswerter Programme erstellt und so den Zugang zu seriösen Online-Angeboten erleichtert (vgl. ebd.).

Welche Forderungen können darüber hinaus für die Soziale Arbeit mit Betroffenen von häuslicher Gewalt abgeleitet werden? In Zeiten von Kontaktbeschränkungen und Infektionsschutz gestaltet sich die direkte persönliche Beratung in Beratungs- und Interventionsstellen als zunehmend schwieriger. Telefonische und digitale Beratungsangebote wurden eingerichtet bzw. deren Umfang erweitert, z. B. das Hilfetelefon „Gewalt gegen Frauen", die

Nummer gegen Kummer oder das Elterntelefon. Es gilt, die zusätzlichen und digitalen Angebote zu evaluieren und ggf. in die Regelfinanzierung zu überführen. Wichtig ist, dass funktionierende Maßnahmen zur Anpassung des Hilfesystems zur Bewältigung der Corona-Krise unter der Berücksichtigung von Zielgruppen mit besonderen Bedarfen, z. B. Menschen mit Behinderung, beibehalten werden (vgl. Schellong 2021). Weiterhin sollte eine Aufnahme von gewaltbetroffenen Frauen und Kindern in Frauenhäuser und Zufluchtswohnungen in Akutsituationen erfolgen und dort auch eine persönliche Beratung gewährleistet werden. Zusätzlich sollten Sonderinformationen und Hinweise zu Corona gegeben werden, wie sie bspw. die ZIF (Zentrale Informationsstelle der Frauenhäuser) und die Frauenhauskoordinierung zusammengestellt haben. Die Reduzierung der Plätze in Frauenhäusern durch die Hygienemaßnahmen sollten durch die Erschließung neuer Standorte aufgestockt werden. Darüber hinaus sollten in der Coronasituation alle zivilrechtlichen Möglichkeiten genutzt werden, um bspw. ein Kontakt- und Näherungsverbot für die gewalttätige Person oder eine Wohnungszuweisung für die gewaltbetroffene Person nach dem Gewaltschutzgesetz zu erwirken, um einen größeren Schutz zu ermöglichen und weitere Gewalttaten zu verhindern (vgl. ebd.).

Zudem wäre der Ausbau der Hilfemöglichkeiten für Gewaltbetroffene in Umfang, Sprachangebot und Digitalisierung wünschenswert. Insbesondere wenn durch die Isolation des Gewaltausübenden kein direkter Kontakt zu professionellen Hilfeangeboten über Notrufnummern möglich ist, sollten Hilfe und Beratung zusätzlich online angeboten werden, d. h. per Chat, App oder E-Mail (vgl. Steinert/Ebert 2020).

Psychologische Beratung und Therapie sollten online zugänglich (vgl. ebd.) und deren Nutzung niedrigschwellig sein (vgl. Fabini 2020). Für die Betroffenen von häuslicher Gewalt sollte ein adäquates Hilfeangebot zur Verfügung stehen, stärker in der Öffentlichkeit beworben und an den steigenden Hilfebedarf angepasst werden. Zudem sieht Fabini eine „professionelle Einschätzung der individuellen Gefährdungslage Betroffener durch Kenntnis spezifischer Risikofaktoren (...) (insbesondere die sorgfältige Exploration in Erstkontakten und/oder bei entsprechendem Verdacht)" (2020: 28) sowie „das Ableiten spezifischer professioneller Maßnahmen aus ggf. vorhandenen Risikofaktoren und die Beachtung grundlegender Interventionsprinzipien und -strategien" (ebd.) als bedeutende Präventionsmaßnahmen an. Auch (klinisch) Sozialarbeitende sollten (nicht nur) in Zeiten der Corona-Pandemie für Anzeichen häuslicher Gewalt besonders sensibilisiert sein, Hilfeangebote kennen und insbesondere auch schwer erreichbare Klient*innen an diese vermitteln.

4.5.3 Das medizinische System

Im Bereich der medizinischen Versorgung kann eine traumainformierte und gewaltsensible hausärztliche Beratung und Versorgung einen wesentlichen Beitrag zur adäquaten Verarbeitung des Erlebten und einen ersten Schritt auf dem Weg aus der Gewalt darstellen (vgl. Schellong 2021). Zu den traumasensitiven Elementen der Gesprächsführung zählen z. B. ein verständnisvolles Zuhören, die sensible Exploration des Krisenereignisses, dessen Strukturierung und die Erfragung von Ressourcen. Besteht der Verdacht auf häusliche Gewalt, sollte dieser aktiv und konkret angesprochen werden. Dabei sind jederzeit die Grundsätze der Sicherheit, der Wahlfreiheit und der Kontrollierbarkeit der Situation zu beachten. Entlastung kann über die gemeinsame Erstellung eines Planes für die nächsten Stunden erreicht werden, indem der Fokus auch auf Möglichkeiten sozialer Unterstützung gelegt wird. Mit einer klaren Haltung gegen Gewalt und der Aufklärung über individuelle Rechte können Vertrauen aufgebaut, Perspektiven geschaffen und deren Umsetzung in den nächsten Tagen besprochen werden. Dabei sollte das aktuelle Schutzbedürfnis abgeklärt und berücksichtigt, Möglichkeiten aufgezeigt und Anonymität der Beratung angeboten werden. Ist eine psychische und physische Notversorgung angezeigt, sollte diese gerichtsfest dokumentiert werden oder die Vermittlung in eine fachgerechte rechtsmedizinische Untersuchung erfolgen, auch wenn die betroffene Person keine Anzeige erstattet. Wurden Verletzungen und psychische Befunde dokumentiert, können diese noch Jahre später als Beweise in Gerichtsverfahren gelten. Abschließend sollte die Weitervermittlung an das Hilfesystem erfolgen bzw. weitere Termine vereinbart werden (vgl. Schellong 2021). In der Schweiz wurden Handlungsempfehlungen zur „Notfallsituation: häusliche Gewalt" (Rosin/Hennings 2020: 250) für medizinisches Personal veröffentlicht. Damit soll die bestmögliche Versorgung von Betroffenen häuslicher Gewalt gewährleistet werden.

4.5.4 „Protektive Faktoren" häuslicher Gewalt und Prävention psychischer Belastungen

„Als „protektiv" gelten Faktoren, die entweder das Risiko mindern, von häuslicher Gewalt betroffen zu sein oder die die Auswirkungen von Gewalt auf die Gesundheit reduzieren." (Wahren 2016: 59). Aufgrund der Komplexität der Risikofaktoren häuslicher Gewalt und deren Zusammenspiel lässt sich keine direkte Kausalität zwischen einzelnen „protektiven Faktoren" und einem geringeren Risiko von Partnerschaftsgewalt betroffen zu sein herstellen. Dennoch können diese Faktoren Hinweise auf Ansatzpunkte für die Gewaltprävention geben. Brakemeier et al. (vgl. 2020) fanden einen positiven Zusammenhang zwischen empfundener sozialer Unterstützung, Optimismus und Selbstwirksamkeit. Diese wirken einerseits psychischen Belastungen entgegen, andererseits wurden sie in anderen Studien (vgl. z. B. Carlson et al. 2002 oder Coker et al. 2002) als „protektive" Faktoren häuslicher Gewalt identifiziert (vgl. ebd.).

Nach Brakemeier et al. (vgl. 2020) hängt die psychische Gesundheit einer Person entscheidend davon ab, ob sie über einen positiven Bewertungsstil verfügt. Damit ist gemeint, wie Bedrohungen generell und speziell die persönliche Bedrohung durch COVID-19 bewertet werden. Sind Personen in der Lage, auch positive Aspekte der Pandemie (z. B. des home offices) zu sehen und die nicht veränderbaren Tatsachen zu akzeptieren, verfügen sie über eine bessere psychische Gesundheit und haben weniger psychische Probleme. Leiden Menschen unter psychischen Erkrankungen, tragen sie ein erhöhtes Risiko für Gewalterfahrungen (vgl. GiG-net 2008: 37 f.), unabhängig davon, ob einer oder beide Partner*innen psychisch erkrankt sind (vgl. Steinert/Ebert 2020) bzw. die Sorge um erkrankte Angehörige und Freund*innen die psychische Widerstandsfähigkeit schwächt. „Auch bestimmte psychopathologische Phänomene treten [als Reaktion auf die Beschränkungen während der Corona-Pandemie, Anm. J.W.] auf. Nicht zuletzt gehen aber auch bestimmte Diagnosen (z. B. Substanzkonsumstörungen) und weitere psychopathologische Phänomene auf Symptomebene (z. B. Misstrauen und Verzweiflung) mit einem erhöhten Gewaltrisiko einher." (Fabini 2020: 28).

Im Umkehrschluss bedeutet das, dass eine Förderung psychischer Gesundheit zu einem geringeren Risiko häuslicher Gewalterfahrungen beitragen kann.

Zur Prävention psychischer Belastungen sollen praktische Frühinterventionen ermöglicht werden, um Stressoren frühzeitig zu erkennen und Bewältigungsstrategien für eine stärkere Kompetenz im Umgang mit Stressoren zu entwickeln (vgl. Brakemeier et al. 2020). Niedrigschwellige und barrierefreie Präventionsprogramme mit interdisziplinärer Ausrichtung sollten eingerichtet werden, um den psychischen Belastungen, die Ursache häuslicher Gewalt sein können, adäquat zu begegnen. Die Umsetzung akuter Maßnahmen, z. B. die Einrichtung von „Corona-Sprechstunden", eine individualisierte Akut- und Kurzzeitkrisenintervention zur Vermeidung von Chronifizierungen, die Schaffung des Zugangs und die vermehrte Nutzung von Online-Angeboten sowie die Aus- und Weiterbildung zur Erstellung und Nutzung digitalisierter Angebote empfehlen Brakemeier et al. (vgl. ebd.) darüber hinaus. Zudem sollte die Implementierung von modularen Präventionsangeboten für unterschiedliche Altersgruppen, die an COVID-19 erkrankt waren oder besonderen Risiken ausgesetzt sind, erfolgen. Der Zugang soll barrierefrei und niedrigschwellig gestaltet sein. Schlussendlich soll eine universelle Prävention unter Berücksichtigung positiver Nebenwirkungen und Chancen für die psychische Gesundheit angestrebt werden, z. B. durch Frühinterventionen, den weiteren Ausbau der Digitalisierung, Programme zur Reduktion der Stigmatisierung oder die Förderung von Initiativen, die den sozialen Zusammenhalt, Selbstwirksamkeit und Kontrollerleben fördern.

4.6 Fazit

Die Maßnahmen zur Eindämmung der Coronapandemie begünstigten die Entstehung von Risikofaktoren für häusliche Gewalt. Im Sinne einer besseren und frühzeitigeren Gewaltprävention sollten Akteur*innen aus Politik und Zivilgesellschaft, der Sozialen Arbeit und des medizinischen Systems koordiniert und in interdisziplinärem Austausch zur Stärkung von „protektiven Faktoren" und zur Eindämmung von Risikofaktoren häuslicher Gewalt beitragen. Für Betroffene sollten unabhängig von der gesellschaftlichen Situation adäquate, vernetzte Hilfeangebote zur Verfügung stehen und an den steigenden Hilfebedarf und den Bedarf an veränderte Zugänge zum Hilfesystem in Pandemiezeiten angepasst werden. Nicht nur weil die Istanbul-Konvention, das Übereinkommen des Europarats zur Verhütung und Bekämpfung von Gewalt gegen Frauen und häuslicher Gewalt, 2018 in Deutschland in Kraft getreten ist und die Vertragsstaaten zu aktiven Maßnahmen verpflichtet hat (vgl. Rabe/Leisering 2018: 9). Sondern insbesondere auch, weil jeder Fall häuslicher Gewalt ein Fall zu viel ist, der mit gesundheitlichen Hypotheken, persönlichen und sozialen Auswirkungen, aber auch gesellschaftlichen und persönlichen Kosten einhergeht, Sozial- und Gesundheitssysteme in Anspruch nimmt und vor allem persönliches Leid verursacht, welches sich massiv auf die Lebensqualität auswirkt.

Durch die Pandemie wurde einmal mehr deutlich, dass häusliche Gewalt keine Privatsache ist, sondern auch durch gesellschaftliche Entwicklungen begünstigt wird. Insofern ist ein vernetztes Zusammenwirken von Akteur*innen auf unterschiedlichen Ebenen notwendig, um die Prävention häuslicher Gewalt insbesondere in Krisenzeiten voranzubringen.

4.7 Literatur

- Amarel, S.; Endl-Geyer, V.; Rainer, H.; Amaral, S. (2020): Familiäre Gewalt und die Covid-19-Pandemie: Ein Überblick über die erwarteten Auswirkungen und mögliche Auswege. In: ifo Schnelldienst, ifo Institut – Leibniz-Institut für Wirtschaftsforschung an der Universität München, München, Jahrgang 73 (7), S. 52-56.
- Betschka, J. (2020): Kriminalität sinkt insgesamt, aber häusliche Gewalt nimmt zu. In: Der Tagesspiegel (26.03.2020). Verfügbar unter: https://www.tagesspiegel.de/berlin/coronavirus-massnahmen-in-berlin-kriminalitaet-sinkt-insgesamt-aber-haeusliche-gewalt-nimmt-zu/25687188.html, (18.12.21).
- BIG e.V. (o. J.): Berliner Interventionsprojekt gegen häusliche Gewalt. Alte Ziele auf neuen Wegen. BIG e.V. (Hrsg.): Berlin.
- Brakemeier, E.-L.; Wirkner, J.; Knaevelsrud, C.; Wurm, S.; Christiansen, H.; Lueken, H.; Schneider, S. (2020): Die COVID-19-Pandemie als Herausforderung für die psychische Gesundheit. Erkenntnisse und Implikationen für die Forschung und Praxis aus Sicht der Klinischen Psychologie und Psychotherapie. In: Zeitschrift für Klinische Psychologie und Psychotherapie, 49 (1). S. 1-31.
- Bronfenbrenner, U.; Lüscher, K.; Cranach, A. v. (1981): Die Ökologie der menschlichen Entwicklung. Natürliche und geplante Experimente. 1. Aufl., Stuttgart: Klett Cotta.
- Carlson, B.E.; Mc Nutt, L.-A.; Choy, D.Y.; Rose, I.M. (2002): Intimate partner abuse and mental health: The

role of social support and other protective factors. In: Violence against women. (6). S. 720-745.
- Clemens, V.; Köhler-Dauner, F.; Keller, F.; Ziegenhain, U.; Fegert, J.M.; Kölch, M. (2021): Gewalt in intimen Partnerschaften und psychische Probleme bei Kindern und Jugendlichen. In: Psychotherapeut, 66, S. 209- 216.
- Coker, A. L.; Smith, P.H.; Thompson, M.P.; Mc Keown, R.E.; Bethea, L. (2002): Social support protects against the negative effects of partner violence on mental health. In: Journal of women's health & gender-based medicine, 11 (5), S. 465-476.
- Dillmann, H.-U. (2014): Die Letzte der Schmetterlinge. Abschied von Bélgica Mirabal (1925-2014). In: Ila 373, S. 45, verfügbar unter: https://www.ila-web.de/ausgaben/373/die-letzte-der-schmetterlinge, (25.11.2021).
- Dutton, D.G. (1988): The domestic assault of women. Psychological and criminal justice perspectives. Rev. and expanded ed., 1. and 2. printing. Vancouver: UBC Press.
- Dutton, D.G. (1985): An ecologically nested theory of male violence towards intimates. In: International Journal of Women's Studies, Jg. 8, S. 404-413.
- Fabini, H. (2020): Psychologisches Notfallmanagement in der Corona-/COVID-19-Pandemie. Weinheim/Basel: Beltz.
- DVSG (2021): Kurz-, mittel- und langfristige Folgen und Herausforderungen der Corona-Pandemie aus Sicht der gesundheitsbezogenen Sozialen Arbeit. In: FORUM Sozialarbeit und Gesundheit. Jahrgang 26 (1), S. 48.

- GiG-net (Hrsg.) (2008): Gewalt im Geschlechterverhältnis. Erkenntnisse und Konsequenzen für Politik, Wissenschaft und soziale Praxis. Opladen: Budrich.
- Gorde, M.; Helfrich, C.A.; Finlayson, M.L. (2004): Trauma symptoms and life skill needs of domestic violence victims. In: Journal of Interpersonal Violence, Jg. 19, H. 6, S. 691-708.
- Hahlweg, K.; Ditzen, B.; Job, A.-K.; Gastner, J.; Schulz, W.; Supke, M.; Walper, S. (2020): COVID-19: Psychologische Folgen für Familie, Kinder und Partnerschaft. In: Zeitschrift für Klinische Psychologie und Psychotherapie, 49 (3), S. 157- 171.
- Hammerschmid, A.; Schmieder, J.; Wrohlich, K. (2020): Frauen in Corona-Krise stärker am Arbeitsmarkt betroffen als Männer, DIW aktuell, no. 42, Berlin: Deutsches Institut für Wirtschaftsforschung (DIW).
- Krug, E. G.; Dahlberg, L. L.; Mercy, J.A.; Zwi, A. B.; Lozano, R. (2005): WHO Multi-country study on women's health and domestic violence against women. Geneva: WHO (Hrsg.).
- Krug, E. G.; Dahlberg, L. L.; Mercy, J.A.; Zwi, A. B.; Lozano, R. (2002): World report on violence and health. Geneva: WHO (Hrsg.)
- Krüger, T. (2020): MHH-Umfrage: Seelische Gesundheit leidet unter Lockdown, mehr häusliche Gewalt, Stress und Angst: Studie des MHH-Zentrums für seelische Gesundheit legt erste Ergebnisse vor. Verfügbar unter: https://www.mhh.de/kliniken-und-spezialzentren/klinik-fuer-psychiatrie-sozialpsychiatrie-und-psychotherapie/blog/buehne-ankuendigungen, (21.12.21)
- Leopoldina – Nationale Akademie der Wissenschaften. (2020): Coronavirus-Pandemie: Die Krise nach-

haltig überwinden. 3. Adhoc Stellungnahme. Verfügbar unter: https://www.leopoldina.org/publikationen/detailansicht/publication/coronavirus-pandemie-die-krise-nachhaltig-ueberwinden-2020/, (12.01.22)
- Müller, U./Schröttle, M. (2004): Lebenssituation, Sicherheit und Gesundheit von Frauen in Deutschland. Eine repräsentative Untersuchung zu Gewalt gegen Frauen in Deutschland. Zusammenfassung zentraler Studienergebnisse. Berlin: BMFSFJ.
- Polizeiliche Kriminalprävention der Länder und des Bundes (ProPK) (o. J.): Häusliche Gewalt. Verfügbar unter: https://www.polizei-beratung.de/opferinformationen/haeusliche-gewalt/, (25.11.21).
- Pressemitteilung der Bundespsychotherapeutenkammer (2020): Frauen brauchen mehr Fluchträume. BPtK: Häusliche Gewalt nimmt in der Coronakrise zu., verfügbar unter: https://www.bptk.de/frauen-brauchen-mehr-fluchtraeume/, (19.12.21).
- Presse- und Informationsamt der Bundesregierung (2020): „Anonymität und Vertraulichkeit sind unsere Kernmerkmale", Interview mit der Leiterin des Hilfetelefons „Gewalt gegen Frauen", verfügbar unter: https://www.bundesregierung.de/breg-de/aktuelles/interview-frauenhilfetelefon-1786956. (05.12.21).
- Rabe, H./Leisering, B. (2018): Die Istanbul-Konvention. Deutsches Institut für Menschenrechte (Hrsg.), Berlin: Eigenverlag.
- Radau, I. (2021): Häusliche Gewalt an Kindern in Deutschland. BA. Hochschule Neubrandenburg. Verfügbar unter: https://digibib.hs-nb.de/file/dbhsnb_thesis_0000002623/dbhsnb_derivate_0000003239/Bachelorarbeit-Radau-2021.pdf, (05.01.22).

- Rosin, C./Hennings, E. (2020): Notfallsituation: häusliche Gewalt. In: SWISS MEDICAL FORUM – SCHWEIZERISCHES MEDIZIN-FORUM; 20 (15–16). S. 250–255.
- Sacco, S. (2017): Häusliche Gewalt. Kostenstudie für Deutschland. Gewalt gegen Frauen in (ehemaligen) Partnerschaften. Hamburg: Tredition Verlag.
- Schellong, J. (2021): Häusliche Gewalt und Opferschutz in Zeiten der Corona-Pandemie. In: Behling, R./Eichenberg, C. (Hrsg.): Die Psyche in Zeiten der Corona-Krise. Stuttgart: Klett-Cotta. S. 287-298.
- Senatsverwaltung für Gesundheit, Pflege und Gleichstellung (2020): Internationaler Tag gegen Gewalt an Frauen – Häusliche Gewalt weiterhin auf hohem Niveau. Pressemitteilung vom 25.11.2020, verfügbar unter: https://www.berlin.de/sen/gpg/service/presse/2020/pressemitteilung.1022144.php. (10.12.21).
- Senatsverwaltung für Justiz, Verbraucherschutz und Antidiskriminierung (2021): Entwicklung der häuslichen Gewalt in 2020, Pressemitteilung vom 03.03.2021, verfügbar unter: https://www.berlin.de/sen/justva/presse/pressemitteilungen/2021/pressemitteilung.1059664.php. (07.01.22)
- Wahren, J. (2016): Soziale Unterstützung für gewaltbetroffene Frauen. Neue Wege der Gesundheitsförderung. Marburg: Tectum.
- World Health Organisation (WHO) (2020): Covid-19 and violence against women. Verfügbar unter: https://www.who.int/reproductivehealth/publications/vaw-covid-19/en/, (06.01.22).
- World Health Organisation (WHO) (2015): Global and regional estimates of violence against women, verfügbar unter: https://www.who.int/reproducti-

vehealth/publications/violence/9789241564625/en/, (07.01.22).
- World Health Organisation (WHO) (2013): Global and regional estimates of violence against women. Prevalence and health effects of intimate partner violence and non-partner sexual violence. Geneva: WHO.

Anhang

Ansprechpartner*innen/Hilfeprojekte/Kontaktdaten

Hilfetelefon Gewalt gegen Frauen
Ein Beratungsangebot rund um die Uhr für Frauen, die Gewalt erlebt haben oder erleben. Auch Angehörige, Freund*innen sowie Fachkräfte werden anonym und kostenfrei beraten.
Tel.: 0800/116 016
Homepage: www.hilfetelefon.de

In einer akuten Not- oder Krisensituation finden Frauen und ihre Kinder rund um die Uhr Schutz und Aufnahme in einem Frauenhaus
Frauenhäuser und weitere Hilfeangebote in der Nähe finden
Frauenhauskoordinierung
Suche nach freien Frauenhausplätzen und Fachberatungsstellen
Homepage: www.frauenhauskoordinierung.de
Bundesweite Frauenhaus-Suche
Zentrale Informationsstelle autonomer Frauenhäuser (ZIF)
Homepage: https://www.frauenhaus-suche.de/

Finden von Beratungsstellen und Notrufen
Bundesverband Frauenberatungsstellen und Frauennotrufe (bff)
Homepage: https://www.frauen-gegen-gewalt.de/de/hilfe-beratung.html

Telefonseelsorge
Die Telefon-Seelsorge ist gebührenfrei und rund um die Uhr erreichbar. Die Beratung erfolgt anonym und ist auch per Chat oder E-Mail möglich.
Tel.: 0800/111 0 111 oder 0800/111 0 222

berta
berta ist eine Anlaufstelle für Betroffene organisierter sexualisierter und ritueller Gewalt. Die Unterstützung erfolgt bundesweit, kostenfrei und anonym.
Tel.: 0800/30 50 750

Hilfetelefon „Schwangere in Not"
Das Hilfetelefon „Schwangere in Not" bietet Schwangeren in Konfliktlagen anonym, kostenfrei und rund um die Uhr Hilfe und Unterstützung.
Hilfetelefon „Schwangere in Not": 0800/40 40 020

Nummer gegen Kummer
Berät Kinder, Jugendliche, ihre Eltern und andere Erziehungspersonen deutschlandweit, anonym und kostenlos in allen Fragen, Problemen und in besonders kritischen Situationen.
Kinder- und Jugendtelefon: 116 111
Elterntelefon: 0800/111 0 550

Hilfetelefon Sexueller Missbrauch
Ist eine Anlaufstelle für Menschen, die Entlastung, Beratung und Unterstützung suchen, die sich um ein Kind sorgen oder einfach Fragen zum Thema haben. Die Frauen und Männer am Hilfetelefon sind psychologisch und pädagogisch ausgebildet.

Hilfetelefon Sexueller Missbrauch: 0800/22 55 530 (kostenfrei, vertraulich und anonym)
Hilfe und Information für Senior*innen

Silbernetz
Kostenlos. Anonym. Sprechzeiten täglich von 08–22 Uhr.
Silbernetz: Tel.: 0800/4 70 80 90
Homepage: https://www.silbernetz.org/

Hilfe für Männer
Hilfetelefon Gewalt gegen Männer
Sprechzeiten Mo – Do 8–13 Uhr und
15–20 Uhr, Fr 8–15 Uhr
Hilfetelefon Gewalt gegen Männer: Tel.: 0800/123 99 00
Homepage: https://www.maennerhilfetelefon.de/
Sofort-Chat per Text-Chat zu folgenden Zeiten:
Mo 12–14 Uhr, Di 14–15 Uhr, Do 14–15 Uhr und
20–21 Uhr, auch E-Mail-Beratung möglich

Weiterführende Informationen
Homepage des Bundesministeriums für Familie, Senioren, Frauen und Jugend: https://www.bmfsfj.de/bmfsfj/themen/gleichstellung/frauen-vor-gewalt-schuetzen/hilfe-und-vernetzung/hilfe-und-beratung-bei-gewalt-80640 (Stand 02.02.2022)

5 Volker Braun –
Missbrauch in der katholischen Kirche

Die Verfassung der katholischen Kirche
und ihr Umgang mit Betroffenen von
sexualisierter Gewalt

Zustandsbeschreibung und Bestandsaufnahme
der gegenwärtigen Situation
der katholischen Kirche

Der Apostel Paulus hat der Kirche ins Stammbuch geschrieben, dass der Glaube in Freiheit gelebt wird. Mit Philipp Melanchthons Aussage „Christentum heißt Freiheit" ist ein wichtiges Kriterium gewonnen, um religiöse Phänomene außerhalb und innerhalb des Christentums wahrzunehmen und angemessen zu beurteilen. Von diesem Maßstab her sind die Formen von Christentum und Kirche zu kritisieren, für die eine religiöse oder eine ethische Gesetzlichkeit maßgeblich sind. Eine besondere Kritik gilt dem Umgang der katholischen Kirche mit Betroffenen von sexualisierter Gewalt. Eine extreme Gefahr birgt die Gesetzlichkeit: „Das musst du glauben!", „Das musst du tun!" Eben dies widerspricht zutiefst dem Geist Jesu Christi. Das Evangelium enthält auch das „Protestantische", also die Kritik des Glaubens an der kirchlichen Praxis.

Wenn es nach dieser Devise ginge, dass schlechte Nachrichten mehr Aufmerksamkeit erregen, müsste die katholische Kirche zufrieden sein. Aber das wäre blanker Zynismus. Schlagzeilen machen der Missbrauchsskandal, der Mitgliederschwund, der Vertrauensverlust. Die katholische Kirche befindet sich in einer schlechten Verfassung. Darunter leiden die Menschen, die Korruption und Führungsschwäche ausgesetzt sind. Sie haben einen Anspruch darauf, dass die Chancen genutzt werden, die in der Krise stecken.

Die Gesellschaft hat von schwachen Kirchen gar nichts. Der katholische Glaube, der nicht weniger als der evangelische die Kultur des Landes beeinflusst, schwächelt, muss sich aber wieder öffnen, wenn das Christentum mit allen Menschen guten Willens Koalitionen eingehen will, um seine zivilisatorische Kraft zu entfalten. Ein „Weiter so" führt in eine Sackgasse. Zu einer echten Verbesserung der Zustände gehörten eigentlich die Gewissenserforschung, die Reue, das Sündenbekenntnis, die Buße und die Läuterung. Im Hinblick auf die gewaltige Anzahl von Betroffenen von sexueller Gewalt ist eine angemessene Wiedergutmachung nötig – keine Almosen.

Der Realität ins Auge sehen

Die aktuelle Krise der katholischen Kirche ist eine Strukturkrise. Die Hierarchie und der Aufbau der katholischen Kirche bieten Missbrauch und Korruption offene Türen. Die Macht wird zwar verteilt, aber nicht angemessen kontrolliert. Die Austrittszahlen und die leeren Kirchen zeigen deutlich, dass es mit der Kirchenbindung und dem Vertrauen in die Kirche im Argen liegt. Lösen lassen sich die hausgemachten Probleme.

Der katholischen Kirche in Deutschland im Allgemeinen und im Besonderen im Bistum Mainz ist nicht vorzuwerfen, dass sie die Augen vor dem Machtmissbrauch durch Geistliche und Mitarbeiter*innen verschließt. Immer neue Studien belegen immer wieder den gleichen Sachverhalt: Wahrscheinlich gibt es in der katholischen Kirche nicht mehr Missbrauch als in der Gesellschaft insgesamt. Aber es gibt ihn in spezifischer Form – durch die Überhöhung derer, die sich als „heilige Männer" betrachten und die glauben, ein „göttliches Amt" auszuüben. Der Versuchung, eine Fassade der Heuchelei zu errichten, hinter der sich übelste Gier austoben konnte, sind zu viele erlegen. Die Kirchenverantwortlichen haben den Schutz der „Mutter Kirche" vor den Schutz der Opfer gestellt.

Inzwischen hat sich im Bistum Mainz viel getan: Präventionsordnungen sind erlassen, Aufarbeitungskommissionen und Betroffenenbeiräte sind gebildet, Ausbildungsreformen sind angestoßen worden. Dass sich genug getan habe, lässt sich aber schwerlich behaupten. Der Missbrauch ist systemisch; aus diesem Grund bedarf es eines systemischen Ansatzes, der den Klerikalismus, die Konzentration der Macht auf Priester, strukturell überwindet. Diese Reform fällt der katholischen Kirche schwer. Gerade in letzter Zeit hat sie auf den Papst, auf Bischöfe und Priester gesetzt, die ihre Identität garantieren sollen, auch ihre Unabhängigkeit vom Staat.

Spannungen in Energie verwandeln

Die Frage, die sich bei einer Reform der katholischen Kirche stellt, lautet, ob sie sich immer noch an die Monarchie als Leitbild klammert oder die Integration in freiheitlichere Gesellschaftsformen auf ihre Fahnen schreiben will. Hier ist der Dreh- und Angelpunkt des Streits zu suchen – in Deutschland und auch weltweit.

Wie stark die Kontroversen sind und wie viele Energien sie freisetzen können, zeigt sich beim Synodalen Weg* – einem Reformprojekt der Deutschen Bischofskonferenz gemeinsam mit dem Zentralkomitee der deutschen Katholiken. Ausgehend von einer grundlegenden Missbrauchsstudie, die an den Universitäten Mannheim, Heidelberg und Gießen erarbeitet worden ist, wurden 2019 vier Arbeitsfelder markiert: Macht und Gewaltenteilung, Priesterrollen, Frauenrechte und Sexuallehre. Eine erste Phase ist im März 2023 beendet worden, die Fortsetzung ist beschlossene Sache. Es wird gemeinsam beraten und entschieden. Diese Arbeitsfelder sind für die Verhinderung von Missbrauch von großer Bedeutung.[2]

---

2 Der Synodale Weg in Deutschland ist das institutionalisierte Eingeständnis der Bischöfe, nicht aus eigener Kraft die Kirchenkrise meistern zu können – ein dramatischer Vorgang. Andererseits ist der Synodale Weg der organisierte Ansatz, die Ressourcen des Katholizismus besser zu nutzen – ein hoffnungsvoller Aufbruch. Volkes Stimme zu hören und die Zeichen der Zeit zu deuten, die Tradition lebendig fortzuschreiben und die prophetische Stimme der Heiligen Schrift wirken zu lassen – theoretisch geht das in der katholischen Kirche

ausgezeichnet, praktisch aber passiert es viel zu selten. Auf dem Synodalen Weg in Deutschland hat sich gezeigt, wie groß der Reformstau der katholischen Kirche ist – und dass Teamarbeit weiterführt als einsame Entscheidungen. Nicht alles ist eine weltkirchliche Frage. Vieles kann in Deutschland selbst erledigt werden. Durch kirchliches Eigenrecht lassen sich Entscheidungsprozesse optimieren, Beteiligungsrechte stärken und Diskriminierungen überwinden. Es liegt an den Bischöfen zu liefern – zusammen mit den kirchlichen Gremien. Von denen gibt es in Deutschland eher zu viel als zu wenig, aber bislang haben sie eher zu wenig als zu viel zu sagen. Einiges hat sich bereits getan, das meiste steht noch aus.

Die katholische Kirche ist dringend darauf angewiesen, die Beratungs- und Entscheidungsprozesse zu verbessern, damit mehr Transparenz und Kompetenz herrschen. Das Zweite Vatikanische Konzil (1962 bis 1965), das einem Neustart der katholischen Kirche diente, liegt 60 Jahre zurück. Das kirchliche Gesetzbuch (Codex Iuris Canonici) ist 1983 erlassen worden, als es noch den Ostblock gab und China nur eine Nebenrolle auf der Weltbühne zu spielen schien. Konzil und Codex wurden von Rom über Jahrzehnte zugunsten der Hierarchie ausgelegt. Das rächt sich. Die Bischöfe verlieren an Legitimität, weil sie für die Vertuschungen verantwortlich sind, die den Machtmissbrauch unter der Decke halten sollten. Die Autorität des Lehramtes schwindet rasant, besonders wenn es sich auf überkommene Sexualvorschriften versteift. Der Zentralismus blüht im Zeitalter der Digitalisierung stark wie nie, kann aber nicht verdecken, wie vergeblich es ist, eine Einheit als Uniformität bestimmen zu wollen.

Auf synodalen Wegen werden keine Revolutionen ausgerufen, sondern Reformen beschlossen. Die sind in der katholischen Kirche nicht nur nötig, sondern auch möglich. Es muss allerdings das Kirchenbild des Zweiten Vatikanischen Konzils vom Kopf auf die Füße gestellt werden: Die Kirche ist die Gemeinschaft der Gläubigen, das Volk Gottes. Das Primat hat Jesus Christus, der den Glauben leitet. Das kirchliche Amt dient diesem Glauben. Wer die Verhältnisse umdreht, um eine lehrende Bischofs- von einer lernenden Volks- und eine herrschende Amts- von einer gehorsamen Basiskirche abzuheben, verkennt genau das, was nottut.

Schlussbetrachtung und Perspektiven

Die Krise generiert Chancen. Das autoritäre Denken hat abgewirtschaftet. Die Selbstverständlichkeit, mit der man Loyalität eingefordert hat, wird vom Selbstbewusstsein abgelöst, die eigenen Charismen, die Talente des Glaubens, einzubringen. Von den Verantwortlichen wird erwartet, dass die Persönlichkeitsrechte geachtet und die Eigeninitiativen anerkannt werden. Wo diese Erwartung enttäuscht wird, nimmt man sich die Freiheit, zu gehen. Das katholische Kirchenrecht lässt Raum für diese neuen Formen engagierten Glaubens – muss aber nachgeschärft werden, damit sie nicht vom Wohlwollen eines Priesters oder Bischofs abhängen, sondern einer klaren Ordnung entsprechen. Hier ist viel zu tun.

Die Krise entsteht weltweit dort, wo die Sorge um die katholische Identität gegen die kritischen Zeitgenossen ausgespielt wird. Weltweit gibt es nach wie vor viele Bischöfe, die meinen, von Amts wegen an der Sakralmacht festhalten zu müssen. Sie haben es geschafft, mit römischer Unterstützung das Reformtempo auf dem Synodalen Weg in Deutschland zu drosseln – die Richtung werden sie kaum verändern. Die meisten Bischöfe haben verstanden, dass sie sich an synodale Ordnungen binden müssen.

Die Verfassungskrise, in der die katholische Kirche steckt, schadet der Ökumene, sie tut auch der Gesellschaft nicht gut. Die katholische Kirche ist eine Weltkirche, deren internationale Beziehungen für Frieden, Entwicklung und Gerechtigkeit wichtig sind. Zu große Staatsnähe wird ihr so schnell nicht vorzuwerfen sein.

Der Apostel Paulus hat der Kirche ins Stammbuch geschrieben, dass der Glaube in Freiheit gelebt wird (Galater 5, 1). Jesus hat ihr mit auf den Weg gegeben, dass die Liebe zu Gott mit dem Samariterdienst der Nächstenliebe vereint sein muss (Lukas 10, 25–37). Beides muss die Kirche verkünden – und mit der Umsetzung bei sich selbst anfangen.

6 Exemplarischer Missbrauchsfall im Bistum Mainz, Volker Braun, N.N.

Um einen Einblick in das Ausmaß des Missbrauchs zu erhalten, wird ein exemplarischer Missbrauchsfall in Ausschnitten dargelegt. Er soll die Intensität der Traumatisierung und die lebenslange nachhaltige Wirkung für Außenstehende sichtbar und spürbar machen.

Der Missbrauch fand im Mainzer Domchor über Jahre statt (der Betroffene hat der Veröffentlichung seines erlittenen Leids ausdrücklich zugestimmt. Eine Schweigepflichtentbindung liegt dem Verfasser vor. Im Folgenden handelt es sich um die Wiedergabe von Originaleinträgen aus den Akten des Bistums Mainz).

„Mein Eintritt in den Mainzer Domchor muss gegen 1975/76 gewesen sein, da ich mich daran erinnere, dass mein Vater mich beim Bischöflichen Willigis-Gymnasium in Mainz angemeldet und als Referenz angegeben hatte, dass ich im Mainzer Domchor Mitglied bin. Ich muss demnach etwa 10 Jahre alt gewesen sein. Aus einem ahnungslosen Eintritt in einen renommierten Chor wurde für mich ein „Martyrium", welches mich heute noch begleitet.

Alles begann bei einem Ausflug über Nacht, zu dem mich Dr. Horst-Willi Groß eingeladen hatte, da ich mich so sehr im Chor bemühe und tollen Einsatz zeigen würde. Es sollte eine Anerkennung für meine Leistung sein. Er trat abends im Hotelzimmer beim Umziehen, als ich in Unterwäsche stand, von hinten an mich heran und berührte mein Glied über der Unterwäsche. Er fragte mich, ob ich das schlimm finden würde oder es mir unangenehm wäre. Ich war so schockiert und peinlich berührt, dass ich eingeschüchtert die Frage verneinte. Er erklärte mir, dass es für ihn und auch für mich wichtig sein könnte, da er anhand der Veränderungen des Geschlechtsteils im Laufe der nächsten Jahre meine Entwicklung der Stimme bis zum Stimmbruch erkennen könne. So könne er besser mit mir planen und mit meiner Stimme arbeiten.

Ab diesem Zeitpunkt hat er sich regelmäßig an mir vergangen. Alle Zeitfenster und Orte in den sechs Jahren weiß ich nicht mehr genau, dafür waren es zu viele. Ich dokumentiere hier alle Vorfälle, an die ich mich noch sehr gut erinnern kann:

- Einladungen samstags zum Tischtennis im Chorraum: Diese fanden sehr oft statt. Wir spielten erst Tischtennis und dann fing er an, in den Büroräumen sich an mir zu vergehen. Das sah so aus, dass er immer wieder Unmengen an Fotos von mir nackt in allen möglichen Positionen (breitbeinig, von hinten durch die Beine, von vorne, Nahaufnahmen, ...) machte. Danach legte er mich auf eine Couch, die in den Büroräumen des Mainzer Domchors stand, und begann meinen Penis auf verschiedene Art und Weise zu streicheln und zu stimulieren. Aus dem Streicheln wurde im Laufe der Zeit dann immer mehr ein Massieren und endete meistens damit, dass er mich mit seinem Mund befriedigte. Ständig fragte er während diesem Vorgehen, ob ich das spüre, wie es sich anfühlt und Ähnliches. Als er nach etwa einer guten Stunde damit fertig war, erklärte er immer wieder, dass er dieses nur mache, um mir sagen zu können, wie lange ich noch im Knabenchor singen kann. Diese „Behandlungen" im Büro fanden regelmäßig im Abstand von 2-3 Wochen statt. Im Laufe der Jahre wartete er mit immer neuen Praktiken auf. So benutzte er unter anderem ein Massagegerät, mit dem er mich an allen möglichen Bereichen des Körpers stimulierte und berührte. Als er merkte, dass ich wohl nicht wie erwartet auf dieses „brummende" Gerät reagierte, endete diese Situation wieder mit der Befriedigung durch Mund und Hand. Einmal brachte er eine Wachskerze mit und führte mir diese rektal ein. Wenn es nicht die Kerze war, so benutze er sehr oft auch seinen Finger, den er mir recht weit in den Hintern steckte und mich fragte, wie sich das Anfühlen würde. Gleichzeitig befriedigte er mich mit der anderen Hand oder mit seinem Mund. Da ich noch ein Junge war und kein Sperma produzieren konnte, erklärte er mir immer, dass, wenn ich älter werde, da einmal etwas herauskommen wird. Um mir dieses bildlich und verständlicher zu erklären, forderte er mich auf, mit in die Herrentoilette zu gehen. Hier befriedigte er sich vor meinen Augen über dem Waschbecken. Ich musste immer wieder sein erregtes Glied anfassen, um zu spüren, wie hart es sei. Zuletzt ejakulierte er in einen kleinen Plastikbecher. Ich musste ihm dabei bis zum Ende zuschauen. Dann zeigte er mir sein Sperma und sagte, dass man dieses ruhig essen könne. Er hielt mir den Becher hin und forderte mich auf, dieses zu probieren. Ich verneinte dieses voller Ekel. Er hingegen probierte sein eigenes Sperma vor meinen Augen und sagte, dass es gar nicht so schlecht schmecken würde.

- Die Sommerfreizeit in dem Kurort Allerheiligen im Schwarzwald, auf der viele Sänger mitfuhren, war ebenfalls ein Ort, wo er sich immer wieder an mir verging. Entweder holte er mich in sein Zimmer, um mit mir zu „schmusen" oder mich zu küssen oder er beobachtete mich und alle anderen Sängerknaben beim Duschen, wo er sich immer „seine" Jungen zurückhielt, nachdem alle anderen fertig waren und gegangen sind. So auch immer wieder mich. Er fing mich nach dem Duschen ab, wollte mir beim Abtrocknen helfen und fing an, mein Glied zu berühren und zu massieren. Dabei zog er mich oft ganz nah an sich heran, dass mein nackter Körper ganz dicht seinen Körper berührte und er mich küssen konnte.
- Er küsste mich oft und fragte immer wieder, ob ich das schlimm finde. Ich war jedes Mal so versteinert, dass ich aus Angst, Scham und Respekt dieses verneinte. Mehrmals forderte er mich auf, meinen Mund weiter aufzumachen und mit meiner Zunge seine Zunge zu berühren. Ich wusste bis dahin nichts über einen „Zungenkuss", fand diese Art des Küssens jedoch sehr ekelhaft und abschreckend, zumal er oft nach Alkohol, den er auf den privaten Fahrten immer abends zum Abendessen trank, roch.
- Er lud mich öfters zu Fahrten über Nacht ein. Mehrmals in den Schwarzwald, jedoch auch in Städte wie z. B. Wien. Dort nutze er die abgeschiedene „Zweisamkeit" aus, um sich seinen Vorlieben zu widmen. Er legte mich im Hotel nackt auf das Bett und massierte meinen Penis oder bearbeitete ihn mit seinem Mund so lange, bis ich zu einem „Höhepunkt" kam. Ich „täuschte" diesen oft vor, damit er früher damit

aufhöre. Manchmal war er in seiner Art sehr grob, was dazu führte, dass an meinem Penis blutige Schürfwunden zu erkennen waren, die mir sehr weh taten. Er buchte immer Doppelzimmer, damit er neben mir liegen konnte, um mich immer vor dem Schlafen zu benutzen. Bei seinen Praktiken kniete er entweder vor mir oder er legte mich nackt auf seinen Körper (er lag unten und ich auf ihm) und massierte meinen Penis. Ob er selbst dabei erregt war, kann ich nicht mehr sagen. Ich habe in diesem Moment nur gehofft, dass er nicht zu grob und heftig an mir herumhantiert und hoffentlich bald fertig ist. Da mein Gesicht genau in seiner Augenhöhe war, küsste er mich oft dazu.

- Während einer Fahrt, auf die er mich wieder mitgenommen hatte, konnte er seine Hände bereits im Auto nicht von mir lassen und versuchte ständig, mit seiner rechten Hand während der Fahrt in meine Hose zu gelangen. Hierbei war er so abgelenkt, dass es zu einem scharfen Lenkmanöver kam und er beinahe einen Unfall verursachte.
- Einmal nahm Hr. Dr. Groß auf eine Übernachtungsfahrt drei Jungen mit. Wir wussten alle voneinander, sprachen jedoch nie darüber. Er hatte zwei Doppelzimmer gebucht. Wir drei Jungen hielten uns in dem einem Zimmer, er in dem anderen Zimmer auf. Nach geraumer Zeit kam er und sagte etwas gereizt, dass er nicht die Fahrt gebucht habe, um alleine auf dem Zimmer zu sitzen. Keiner von uns wollte zu ihm hinübergehen. Am Schluss holte er jeden von uns in sein Zimmer und behielt uns etwa eine Stunde bei sich. Was da geschah, wusste jeder von uns. Gesprochen haben wir aber darüber nie.

- Ich habe Herrn Dr. Groß einmal angesprochen, ob das alles etwas mit „Schwul-sein" zu tun haben könnte. Er verneinte dieses energisch und erklärte mir, dass, wenn ich jemanden davon erzählen würde, nicht nur er, sondern auch ich Probleme mit der Polizei haben würde. Er sagte dieses etwa in den Worten: „Dann lande nicht nur ich, sondern auch du im Gefängnis". Er warnte mich, außerhalb darüber zu reden, da wir sonst beide erhebliche Probleme bekommen würden.
- Hr. Dr. Groß war in seiner Art sehr launisch und konnte mit seinen Blicken und seinen Worten sehr verletzend sein. Er reglementierte uns oft in den Proben mit harten Worten und strafte mich auch durch länger anhaltende Ignoranz, wenn ich nicht gut gesungen hatte oder manchmal auch einfach nur so, ohne Anlass. Dieses sah so aus, dass er mir nicht einmal beim Begrüßen die Hand gab und demonstrativ wegschaute, wenn ich auf ihn zuging. Dieses Verhalten machte mir jedes Mal Angst und ich fühlte sich schuldig, auch wenn man gar nicht wusste, für was.
- Auf einer Chorreise nach Rom zum Pueril Cantores übernachtete der gesamte Chor in einer Unterkunft in Loreto. Dort waren fast alle Sänger in einem großen Raum mit Doppeletagenbetten untergebracht. Herr Dr. Groß schlich sich nachts in diesen Schlafraum und verging sich, während sich die anderen Jungen rechts und links und über mir befanden, an mir. Diese Nächte waren furchtbar. Er wechselte immer wieder von einem anderen Jungen zu mir hin und her. Er massierte mein Glied, bearbeitete es mit seinem Mund und steckte seinen Finger, es waren auch mehrere Finger, mir grober Gewalt in meinen Hintern, dass es furcht-

bar schmerzte. Ich stellte mich natürlich schlafend, hatte jedoch panische Angst. Immer wieder kam er an mein Bett, egal wie ich mich legte und spielte an mir herum. Auch küsste er mich auf meinen Mund. Ich weiß noch genau, wie sehr er nach Alkohol roch. Ich verbrachte diese Nächte alle mit Angst und Unruhe vor solchen Übergriffen.

- Auch wurde ich von dem damaligen Domkapellmeister Heinrich Hain einmal auf der Chorfreizeit in Allerheiligen sehr schmerzhaft angefasst. Einige Jungen rangelten im Spaß und machten kleine Kämpfe. Da mischte sich der Domkapellmeister ein und schnappte sich mich, um mir mit seiner Hand gezielt an mein Geschlechtsteil zu greifen. Er packte hierbei so fest zu, dass ich unglaubliche Schmerzen in diesem Moment und auch noch danach verspürte.

Immer wieder provozierte Herr Hain diese „kleinen" Spielchen, um mich möglichst nah an sich heranzuziehen, um mir dann „zufällig" an mein Genital zu fassen. Er machte dieses stets auf eine sehr grobe und schmerzhafte Art und Weise. Wurde dieses von Herrn Dr. Groß gesehen, reagierte er mit den Worten: „Finger weg, das ist mein Liebling!"

- Diese Übergriffe haben sich über viele Jahre in regelmäßigen Abständen ereignet. Ich hatte große Angst, etwas zu sagen, zumal mich Herr Dr. Groß regelmäßig dazu ermahnte, dass ich nichts sagen darf und mich und ihn in Gefahr bringen würde.

- Es waren noch mehr Übergriffe, an die ich mich nicht mehr genau erinnere. Jedenfalls verging er sich regelmäßig in den Jahren an mir. Die Anzahl der Übergriffe kann ich nicht zählen."

Folgen der Tat bis heute

Ich (meinen Namen möchte ich aus Gründen des Selbstschutzes vorerst noch nicht nennen) bin Opfer, Betroffener und Überlebender von sexualisierter Gewalt in der katholischen Kirche und als solcher schreibe ich, was der Missbrauch für lebenslange Verheerungen bei mir hinterlassen hat.

Der Umgang der katholischen Kirche ist für mich als Missbrauchsbetroffener insgesamt kaum zu ertragen. Meine persönliche Einordnung schwankt nach wie vor zwischen blankem Entsetzen und tief empfundenem Mitleid.

Entsetzen, weil sich in der Argumentationslinie bei sexuellem Missbrauch in der katholischen Kirche Vergleiche und Relativierungen finden, die sich verbieten. Natürlich ist sexualisierte Gewalt kein exklusiv katholisches Problem, aber nirgendwo ist die moralische Fallhöhe größer als in der Institution, die – als einzige – bis heute für sich in Anspruch nimmt, umfassend und normativ das (Sexual-)Leben der Menschen zu bestimmen und zu reglementieren. Zieht diese Institution dann ausgerechnet beim eigenen moralischen Versagen andere gesellschaftliche Bereiche heran, in denen es doch auch nicht anders zugehe, ist der scheinbar neutrale Vergleich nichts anderes als ein ideologisches Manöver zur Selbstentlastung.

Die im März 2023 im Bistum Mainz veröffentlichte EVV-Studie (https://www.uw-recht.org/images/230303%20 Bericht%20EVV_final.pdf) weist ein jahrelanges, wissentliches und aktives Vertuschen der damaligen Bischöfe in Fällen von sexuellem Missbrauch nach. Dabei handelt es sich zudem nicht um vage Annahmen oder einseitige Beschuldigungen durch Betroffene, sondern um Feststellungen aus der diözesanen und juristischen Aufarbeitung. Sicherlich wäre es von Belang, könnte man die verstorbenen früheren Bischöfe hierzu noch selbst hören. Aber doch gewiss nicht im Sinne eines Plädoyers auf „nicht schuldig" wie vor den Schranken eines weltlichen Strafgerichts, sondern als großes „Confiteor" – als Bekenntnis ihrer Schuld vor „Gott, dem Allmächtigen und euch, Brüder und Schwestern".

Die EVV-Studie bringt eine Haltung der Bischöfe und nachgeordneten Verantwortlichen zum Ausdruck, welche die katholische Kirche genau dahin geführt hat, wo sie sich aktuell befindet: in eine Existenzkrise mit kaum aufzuhaltenden Auflösungstendenzen. Mein Entsetzen ist umso größer, als die jetzigen Bischöfe mit einer solchen Haltung im Herbst diesen Jahresteil der Weltsynode sein und dort – anders als beispielsweise die Opfer sexualisierter Gewalt – Sitz und Stimme haben werden. Sie werden an Entscheidungen von wesentlichem Einfluss auf die katholische Kirche weltweit wie auch in Deutschland beteiligt, sein. Das lässt meine Hoffnung auf eine Überwindung der Missbrauchskrise und eine synodal geprägte Gerechtigkeit, Sicherheit und Geborgenheit ausstrahlende Kirche weiter schwinden.

Ich empfinde aber auch tiefes Mitleid für die Bischöfe. Sie sind eingebunden in die vielfältigen Diskussionen um den Missbrauchskomplex, eingebunden aber auch in Machtstrukturen und Hierarchien, die es in jeder Ortskirche und erst recht in der Weltkirche gibt. Wie ein Großteil dieser Bischöfe als Verantwortliche auf einer exponierten Position ohne jede Bezugnahme auf die inzwischen sehr breite analytische Basis zum Missbrauchsgeschehen und zu den Ursachen sexualisierter Gewalt argumentieren, zeigt mir, wie sehr diese gefangen sein müssen im Machtsystem dieser absolutistisch verfassten Kirche.

Sie offenbaren nicht nur Ignoranz gegenüber der einschlägigen Forschung, sondern auch Mangel an traumasensiblem Umgang mit betroffenen Menschen. Und das löst bei mir tatsächlich Mitleid aus, weil Ihnen dabei offenbar die Fähigkeit, mindestens aber die Freiheit zu offener, unvoreingenommener Wahrnehmung und zu kritischer Selbstreflexion abhandengekommen ist.

Da Bischöfe Kritikern fehlenden synodalen Geist vorwerfen, will ich Ihnen von mir, meinen Erfahrungen als Missbrauchsopfer erzählen und hoffe, dass Sie aufmerksam – synodal hinhören. Keine Sorge, Sie werden keine weiteren Tatbeschreibungen ertragen müssen. Damit will ich die hochwürdigsten Exzellenzen nicht belasten. Und das gehört für mich auch nicht hierhin. Insofern „überlesen" Sie bitte meinen oben beschriebenen sexuellen Missbrauch. Ich möchte lieber von einer Situation unmittelbar nach dem Tod „meines" Haupttäters berichten, die sehr gut passt zur aktuellen Diskussion über Hinweistafeln zu Persönlichkeiten der Kirchengeschichte, denen Vertuschung und/oder Strafvereitelung nachgewiesen wurde.

In all den Jahren nach meinem erlittenen Missbrauch wurde ich mit keinem Wort einer Entschuldigung bedacht.

Wenn denn in dieser entwürdigenden Gleichgültigkeit der katholischen Kirche mindestens ein Satz beigefügt worden wäre: Wir empfehlen all die Opfer sexualisierter Gewalt, die die Täter im Domchor zurückgelassen haben, dem fürbittenden Gebet und der Barmherzigkeit Gottes an ((Anmerkung der Herausgeberin: würde Menschlichkeit erkennbar sein)).

Doch dieser Satz, dieser entscheidende Gedanke fehlte. Und so blieb aus einem wahrhaftigen, würdigenden Blick auf das Ganze in einer EVV-Studie ein Lügenbild der Verantwortlichen mit der Verdrängung der Taten und der Entwürdigung der Opfer.

Dr. Horst-Willi Groß und Heinrich Hain waren, was hinlänglich bekannt ist, Serientäter. Und Verbrecher, die mit Wissen der Personalverantwortlichen im Bistum Mainz der Strafverfolgung entzogen wurden, so gut es ging. Nur die Intervention der Eltern brachten die Verbrechen an den Kindern ans Licht. Wäre zur damaligen Zeit der Opferschutz Handlungsmaxime der Verantwortlichen gewesen, dann wäre mir und meiner Familie viel Leid erspart geblieben. So aber ermöglichte diese Kirche Straftaten, sehenden Auges.

Dieses Denkmuster erscheint mir auch heute noch omnipräsent: die Zentrierung auf die Täter und die Organisation Kirche. Zur Biografie all der Täter, Vertuscher, Strafvereitler, Leugner und zur Wahrheit unserer Kirche gehört aber eben ihr unsägliches, grausames, menschenverachtendes und gottvergessenes Tun. Das muss benannt werden, auch und gerade dann, wenn sie noch so viel Gutes bewirkt haben sollten. Die Täter haben Opfer hinterlassen, die für ihr Leben gezeichnet sind. Das nicht unvergessen zu machen, ist der Sinn einer (kirchlichen) Erinnerungskultur, wie sie jetzt in Paderborn beim Umgang mit verstorbenen Altbischöfen praktiziert werden soll: mit Hinweistafeln am herausgehobensten Ort ehrenden Totengedenkens, der Bischofsgruft.

Die Wahrheit sagen, umfassendes Erinnern und Gedenken des Guten wie des Bösen – das wäre doch auch persönliche Pflicht der Bischöfe, als exponierte Vertreter der Täterorganisation Kirche. Kommen sie dieser Verpflichtung zur Wahrheit nicht nach, setzen sie das System der Lüge fort und missachten damit abertausende Opfer sexualisierter Gewalt.

Wie auch immer Bischöfe die Zukunft unserer Kirche sehen und an ihrem Bild mitarbeiten: Die hässliche Fratze des Missbrauchs wird zu diesem Bild gehören. Es liegt an jedem Bischof ganz persönlich, durch Wegschauen oder Wegreden die Krise weiter zu verschärfen oder aber den Weg zu bahnen, auf dem die Kirche geläutert und vielleicht auch gestärkt aus der Krise hervorgehen kann.

Sollte die katholische Kirche all das nicht erkennen und annehmen können, bitte ich dringend um künftiges Unterlassen von empathielosen, sinnentleerten Äußerungen, mit denen die Kirche Opfer, Betroffene und Überlebende sexualisierter Gewalt erneut der Täter-Opfer-Umkehr und damit der Retraumatisierung aussetzen. Der katholischen Kirche und einer Bischofskonferenz sollte so etwas im Jahr 2023 wirklich nicht mehr unterlaufen."

7 Barbara Bojack – EVV-Studie (Erfahren, Verstehen, Vorbeugen)

Dialogveranstaltung

Am 24.3.23 fand eine Veranstaltung des Mainzer Bistums statt, bei der die Studie EVV (Erfahren, Verstehen, Vorbeugen) vorgestellt wurde.

Es handelte sich um eine Veranstaltung des Bistums Mainz (anwesend waren der Bischof und sein Weihbischof), zu der der Bischof Kohlgraf vom Bistum Mainz eingeladen hatte. Es waren wohl vor allem katholische Mitarbeiter aus der Region angesprochen worden. Ihnen wurde die Studie zu sexualisierter Gewalt im Bistum Mainz von 1945 bis heute vorgestellt. Diese Studie war bei einem Anwalt Ulrich Weber in Auftrag gegeben worden, der Einblick in die Akten hatte (deren Umfang und Schwärzungsgrad nicht bekannt gegeben wurden). Er sollte diese Unterlagen auswerten und Ergebnisse zusammenstellen. Es entstand ein Werk von über 1000 Seiten.

Im Folgenden ist ein Nachtragsprotokoll zu der Veranstaltung vom 24.3.23 zusammengestellt worden und es werden Eindrücke wiedergegeben, die bei der Veranstaltung entstanden sind.

Bei der Veranstaltung sollten zentrale Fragen sein:
Was ist geschehen?
Wie konnte es geschehen?
Wie war der Umgang?

Betont wurde, dass zur Erstellung der Studie zusätzlich Gespräche mit Betroffenen und Zeitzeugen geführt wurden – es handelte sich demnach nicht um eine reine Aktenauswertung. Ein Abgleich mit den Daten des Bistums sei erfolgt. In den Blick genommen wurden jegliche sexuelle Gewalt, aber auch Grenzüberschreitungen. Berücksichtigt wurden Übergriffe von Klerikern und von anderen Tätern. Dabei handelte es sich nicht nur um Taten an Minderjährigen. Aufgefallen sei die Anschaulichkeit und Eindringlichkeit des Materials.

Erkannt wurde, dass die Opfer doppelt traumatisiert wurden, nämlich durch die Taten an sich, denen sie ausgesetzt waren und dann noch durch den Umgang der katholischen Kirche, der ihnen zuteilwurde.

Es wurden 181 Täter identifiziert und 401 Betroffene gefunden.

Vom Beruf her seien viele Kleriker unter den Tätern gewesen, nur 63 also 35 % entstammten anderen Berufen.

Tatorte seien in erster Linie Pfarreien gewesen, dann erst Heime, Internate, Schulen, aber auch bei Freizeiten, Reisen und privaten Einladungen sei es zu entsprechenden Taten gekommen.

Es gäbe 130 Orte, an denen Meldungen gemacht wurden.

Im historischen Überblick zeigte sich, dass das Vorgehen gegenüber den Tätern seitens des jeweiligen Bischofs sich wie folgt gestaltete:

- Ermahnen, versetzen
- Verharmlosen, verschweigen
- Herausreden, verteidigen
- Eingestehen, bewältigen
- Lernen, aufarbeiten.

Dabei sei Folgendes notwendig:

- Adäquate Haltungen
- Verlässliche Standardisierung
- Individuelle Lösungen etc.

Außerdem seien notwendig:

- Seelsorge mit Qualitätssicherung
- Good Governance, was unter anderem Intervention und Prävention beinhaltet
- Kommunikation mit und in der Gemeinde
- Unterstützende Formate und Informationen, die sich aus der Homepage ergäben.

Es wurde darauf verwiesen, dass es unabhängige Ansprechpartner gäbe, diese wurden namentlich benannt, Herr Braun und Frau Leonhard, beide ehrenamtlich tätig. Es soll seelsorgerische Ansprechpartner und Meldewege geben.

Im Anschluss an die Vorstellung der Studie, die durch eine Zuarbeiterin erfolgte, nicht durch den Anwalt oder den Bischof, wie man vielleicht hätte vermuten können, erfolgte die Diskussion. Wie es um Entschädigung steht, wurde weniger thematisiert.

Es stellte sich heraus, dass es nach Veröffentlichung der Studie neue zusätzliche Meldungen von Übergriffen gegeben habe, d. h. es wurde angemerkt, dass es ein Dunkelfeld gäbe; dessen Größe und Ausmaß wurde nicht näher benannt. Es wurde festgestellt, dass das System Kirche verantwortlich sei bzw. derartige Taten begünstige. Jetzt gehe es auch um den Umgang mit einem irritierten System.

Es wurde aus dem Publikum angemerkt, dass beim Lesen der Studie eine Empathielosigkeit und das manipulative Moment der Täter gegenüber der Tat und den Opfern aufgefallen seien.

Interessant war, dass die anwesenden Kleriker, nämlich der Bischof und sein Weihbischof die Distanz zum Publikum bewahrten. Diese wurde dadurch hergestellt, dass sie online zugeschaltet waren, selbstverständlich mit Hinweis auf Corona. Dabei war bemerkenswert, dass es dem Bischof nicht gelang, einen Blickkontakt zum Publikum herzustellen. Er schaute durch seine getönte Brille immer nach unten, wohl auf Unterlagen. Die Ohren bedeckten große Kopfhörer. Die Assoziation an die 3 Affen, nicht hören, nicht sehen, nicht sprechen, drängte sich einem förmlich auf.

Auf die Frage an Herrn Kohlgraf, wie der Umgang mit den Tätern sei und ob sie einer Therapie zugeführt werden, verwies er, nachdem er zunächst akustisch die Frage nicht verstanden hatte und er sie wiederholt haben wollte, an den Weihbischof. Die Täter würden unterschätzt, zeigten keine Einsicht, es mangele an Beziehungsfähigkeit, Gerichte würden über die Therapie entscheiden. Im kirchlichen Verfahren gäbe es Gutachter und Auflagen, das sei eine externe Angelegenheit. Außerdem gäbe es die Initiative „kein Täter werden", diese werde einbezogen. Täter hätten auch einen Betreuer zur Seite, wohl seitens der Kirche, einen anderen Kleriker – wer das genau sein könnte, blieb im Vagen.

Es wurde von der die Studie vorstellenden Zuarbeiterin, nochmals auf die Frage, wie es mit der Prävention stehe, klargestellt, die Behandlung der Täter oder diese in eine Therapie zu verweisen, sei nicht Aufgabe der

Kirche. Notwendig sei, isoliertes Wissen zusammenzutragen und außerdem gelte: Schweigen schütze Täter. Das kann auch wie folgt gelesen werden: Wer sich nicht meldet, ist selber schuld.

Es ist definiert, dass sexuelle Gewalt da passiere, wo ein hierarchisches Gefälle vorhanden sei. Auf die Frage an Herrn Kohlgraf, was denn da in der Kirche passiere, um diesem Gefälle und dadurch Taten entgegenzuwirken, antwortete dieser, Machtausübung und Gewalt seien nicht per se schlecht. Er trage die Verantwortung und die teile er mit anderen. So bestimme er nicht mehr allein über die Besetzung von Posten, er arbeite im Mehraugenprinzip – es gehe um Macht und Kontrolle.

Bei der Veranstaltung blieb unklar, ob tatsächlich eine Diskussion gewünscht war oder ob es darum ging, dem geneigten Publikum zu suggerieren, was doch alles getan werde. Dass Kommunikation und Prävention am wichtigsten seien, wurde betont. Wie soll das möglich sein, wenn es von der Basis her- kommen soll, die aber wenig zu Wort kommt und wenig gehört wird? Das hierarchische System steht Transparenz und Kommunikation eher entgegen. Nicht unüblich ist es, Beobachtungen als unzulässige Verdächtigungen zurückzuweisen und die entsprechenden Menschen als Nestbeschmutzer zu stigmatisieren. Im Rahmen der Hierarchie können zusätzliche Sanktionen auf den Überbringer der (schlechten) Botschaft zukommen.

Programme, die Kinder stärken, z. B. Aufklärung und entsprechende Kurse zur Stärkung des Selbstwertes, wurden bislang nicht in Erwägung gezogen, aber mit dem Verweis, wir haben eine Web-Seite vom Tisch gewischt. Auch die Initiative „say no" bleibt außer Betracht; hiervon könnte seitens der Kirche profitiert werden.

Der Eindruck drängt sich auf, dass es außer dem Bischof und seinen Adlatus keine Wissenden gibt. Er bestimmt, was vorn und was hinten ist. Auch braucht er auf Fragen keine Antworten zu geben, es genügt, wenn er redet. Die anderen haben zuzuhören und zuzustimmen. Es genügt, wenn die Kirchenmitglieder ihre Steuern zahlen. Es stellt sich die Frage, ob er damit seinen Aufgaben gerecht wird. Möglich ist auch, dass tatsächlich Wissen und Einfühlungsvermögen ihm nicht unbedingt liegen.

8 Martina Merten – Interviews mit älteren Witwen in Indien und deren Gewalterfahrungen

Violence through neglect

Older widows and experiences of marginalization in India
Martina Merten[3]

Introduction and background	115
Aging India	115
Challenges for aged women	116
Challenges for widows	117
Methods	120
Setting/study sites	120
Study approach and design	120
Qualitative data analysis	122
Results	122
Neglect in marriage	123
Neglect through widowhood	124
Neglect by society	124
Neglect by children	126
Consequences of neglect	129
Conclusion	131
References	132

---

3 With support of Dr. Vina Vaswani, Director, Centre for Ethics, Yenepoya UniversityProfessor, Department of Forensic Medicine & Toxicology, Yenepoya (Deemed to be University), Mangalore, India.

Introduction and background

Aging India

Improved living conditions through better sanitation, personal hygiene, and housing, accompanied by a decrease in poverty and more control over endemic and pandemic diseases and better healthcare in general, have led to an increase in life expectancy in India (Kumar, 2019). While the number of Indians aged 60-plus was 77 million in 2001[4], it rose to 98 million people within ten years – accounting for 8.1 percent of India's total population (ESCAP, 2016). Soon India will be surpassing China as the most populous country in the world (Paul et al., 2016). In 2017, already 120 million out of 1.3 billion Indians had reached the age of 60-plus (Sample Registration System Statistical Report – Census of India, 2017). By 2050, according to predictions of experts, 320 million will be aged 60-plus (Dey, 2017; United Nations Population Fund, 2017). That would correspond to 20 percent of India's total population. For the first time in the history of this subcontinent, there would be more older people than people under the age of 14 (Dey et al., 2016).

---

[4] In Indian literature and statistics, the age of 60 is used as the age of entry threshold due to the uneven demographic trends so far. In UN and EU analyses, the aging population starts at 65plus.

Challenges for aged women

Living conditions for many older people in India are described as poor (Arokiasamy et al., 2012). According to the Longitudinal Aging Study in India (LASI, 2011), many people aged 45-plus lack basic services – including access to electricity, toilets, running water, drinking water, a refrigerator or health insurance.

The LASI study also found out that 51 percent of women aged 45-plus live with their husband and children under one roof (77 percent of men), 12 percent live with their husband (13 percent of men), and another 28 percent live exclusively with their children (6 percent live with their children). 8 percent of women aged 45-plus live alone (4 percent of men) (Berkmann et al., 2012).

According to the Berkman and Sekher (Berkmann et al., 2012), the comparatively much higher number of women living alone with children without a husband demonstrates the economic vulnerability of women. Already at the age of 60-plus, according to the Indian Census from 2011, more than one in two Indian women lives without a husband because he has already passed away. As observed by Gupta and Sekher, "the increasing proportion of elderly women, especially widows, is a characteristic feature of India" (2017, p. 139). Already in 2011, 48 percent among women aged 60 and above were widows (Census of India 2011) and it reaches 61 percent among women aged 70 and above. Gender disparities and thus inequalities in older age are very common (Agrawal et al., 2014).

The often-difficult living conditions for elderly people have a particular impact on women's health – around

50 percent of female respondents of the LASI study aged 75-plus reported difficulties with at least one activity of daily living (ADL), compared to only 24 percent of male respondents of the same age (Agrawal et al., 2014). The study also found a better performance of men aged 45-plus in cognitive skills compared to women. Singh and Dey come to similar conclusions (2019; 2012): compared to men, women are disproportionately affected by poor physical and mental health. Women's needs go unmet more often than the ones of men.

The surveys also revealed that women's financial dependence on family is even greater than men's in the event of illness. Older women are therefore hit particularly hard when their spouse dies (Berkmann et al, 2012; Dey et al, 2012).

Challenges for widows

Many women who lost their husband are neither entitled to inheritances by Indian law, nor do they have enough income to provide well for themselves (Ranjan, 2001; Mohindra et al., 2012).

Agrawal and Keshri (as well as Mallick, 2008) describe a widow from a rural area as a "highly marginalized person" in terms of socioeconomic conditions due to various patriarchal norms, combined with the lack of sufficient social mechanisms for widows (2014, p. 6). Essentially, widows living in rural areas seem to face even more challenges, for example patriarchal norms, coupled with the lack of social reforms and economic insecurity for older widows (Bharati, 2011; Gupta et al., 2018). On the countryside, according to Bharati (2011, p. 417), widows constitute "the most deprived, downtrodden, illiterate and neglected group of people".

Widowhood is often associated with a social discreditation – they lose not only their husband, but also their means of support and main purpose in life and thus easily become useless to society (Ahmed-Gosh, 2009; Perkins et al., 2016; Kadoya et al., 2015; Bharati, 2011). For Mallick (2008, p. 481) the death of a woman's husband marked the transition from wife to widow taking the woman from a central place in the family to its margin – from then on, she was regarded as someone who was "physically alive but socially dead".

Much higher rates of depression are seen in widows than in widowers (Agrawal et al., 2014; Mohindra et al., 2012; Perkins et al., 2016; Ahmed-Gosh, 2009). Also, level of health care utilization is described as much lower among older widowed compared with married people – and even lower amongst women who lost their spouse (Agrawal et al., 2014). Agrawal and Keshri (2014) also found out that the prevalence of non-communicable diseases was much higher among older widows than among widowers. For communicable diseases, prevalence of diarrhea, gastritis or peptic ulcer followed by other communicable diseases was higher in widows than in widowers, however, more widowers suffered from whooping cough, skin diseases and diseases of kidney/urinary system. Besides, older widows living in urban areas had a greater likelihood of accessing health care services than those living in rural areas.

According to in-depth interviews conducted by Mallick (2008) in and around Kolkata and research conducted by

Brijnath (2012), many spouseless women had to endure sufferings and humiliation by their family members after the death of the husband and had to take refuge in old-age homes. Until now, institutional care is still viewed with skepticism and associated with social discreditation (Brijnath, 2012). Moreover, institutional elder care for the longest time had been virtually nonexistent in India (ESCAP, 2016). Government-run or charitable nursing or old-age homes are not common, since for the longest time there has been preference among families for home-based care of elderly relatives (Brijnath, 2012). However, societal changes through new family structures and migration have led to the emergence of institutional elder care (Johnson et al., 2018).

The lack of institutional support for the aged has underpinned the value and importance of family structures for decades. Even though the family unit still plays a key role, the economic burden of caring for an aged family member not infrequently leads to neglect of old people, especially of aged women and widows. According to Ahmed-Gosh (2009), older people are often left in isolation and helplessness as results of outmigration, economic and social breakdown, the "disappearance of the young from the village also implies a breakdown in social networks" (2009, p. 10; Brijnath, 2012).

The core study was born out of the need to understand how moving into public old-aged homes have impacted older widows psychological and physical condition. It also aimed to gain insights on contextual reasons (voluntary or forced move, social networks, including relationship with family members, old-age home amenities, health status of widows prior to move) that played a role in this.

Methods

Setting/study sites

The research which forms the basis for this analysis took place in the urban setting of the city Mangalore, located in the state of Karnataka. Karnataka is amongst those Indian states with the highest share of people being 60 years and older in the country: the percentage of population in the age group of 60 years and above to the total population is 7,5 Percent (7.6 male, 8.2 female).

Study approach and design

The study was based on qualitative research methods. For sampling, 15 randomly chosen elderly women residing in four different public old age homes in Mangalore were interviewed. Besides, five healthcare workers from the four old-age homes were interviewed, however, their insights are not considered here. The main criteria of inclusion (inclusion criteria) for the women were:

- They have reached the age 60plus- They have lost their spouse.
- They should be able to communicate without any obvious difficulties.
- They should have at least spent a couple of months in the old-age home.

Semi-structured interview guidelines were used for the interviews, which lasted between 30-60 minutes. For the widows, direct observation in the old-age homes was added.

The main content of the interview with the widows covered their feelings while relocating from their former household to the public old-age home, their reactions and coping strategies to adapt to their new environment, their perceived health inside the old-age home and prior to the relocating experience, their relationship to their family members, including the former husband, their satisfaction with the care provided to them inside of the old-age home and their thoughts regarding empowerment of women in India. For the results presented here mainly the widows' relationship to their family members were considered.

Ethical considerations of the study included the informed consent of the widow of being interviewed and participating in the study, the informed consent of the health care worker of being interviewed and participating in the study, not mentioning the study participant's names and respecting their confidentiality and respecting the right of the participant to withdraw in every step of the interview.

A trained interpreter accompanied the research and translated the communication from the language of the interviewee to English. The interviews were also audiotaped and transcribed verbatim by the interpreter and later translated to English. Time of data collection was between April and June 2022.

Qualitative data analysis

For analyzing the interviews, the researcher used the framework method, which follows a very systematic, stepwise approach and is well suited for qualitative content analysis (Gale et al., 2013; Ritchie et al., 1994), especially when semi-structured interview guides have been used.

Results

As a result, five main core themes were identified: widows, their families and social networks; empowerment of widows; widows' life in an old-age home; widows care options in an old-age home; changes in widows' health condition in an old-age home.

The focus of the results presented here is on older widow's experiences of neglect and marginalization prior to moving into a public old-age home and during their stay. By analyzing the results, it became obvious that neglect and marginalization had been an essential component of the women's life, starting from the time they got married to their previous husbands, to the time they had become a widow, to the time they had to shift into an old age home mostly because of a lack of alternatives.

Neglect in marriage

The interviews revealed that in half of all cases, the relationship to the former husband had been bad or extremely bad, due to him drinking, being violent or pushing the women around in the household. Only 2 out of 15 women talked positively about their former marriage.

Example 1: You know what, he is on his own and I am on my own (split ways), he is addicted to drinking, I used to work in a house, and I used to live there itself. He was on his own and I was on my own.

Example 2: I swear and tell you the truth, my husband also never treated me well, my husband was drunkard, and he was not good, there also they were torturing me saying, do this work, that work, fetch the water, cook this, cook that, wash the toilets, he kept speaking only about that.

Example 3: My husband also... drinking... drinking...tight... 70 years old... in fact he was harassing me... he was a drunkard... He was drinking everyday... but snatching money from me... he used to drink... and sleep...

Example 4: Mother Maria Garcia would say you better marry again but I had no interest. No interest means I had suffered a lot with married life, so. My husband, he was already married and divorced, so he had no love, he has love for his four children (from his first marriage) He has one sister, who is elder to him, to her also he is giving life. He will beat me due to her, "why didn't you cook for her? Why didn't you give her milk?", all that nonsense. No, no love he had. If I used to breastfeed the child, he used to pull the child and say, "don't give him", he was such a ... this ... thing... I will tell, shamelessly I will tell now, what he would do. He would pull the child, take away and he would drink the milk...

Example 5: I did not have much knowledge then. After we had three children, he got drunk, and he fell into the well, and he died. No one cared after that. Marriage... Chee!! (No way!! kind of expression). I don't like.

Neglect through widowhood

Furthermore, it became clear that manifold challenges occur once a woman turns into a widow in the Indian society, even more so once she becomes old and frail.

Neglect by society

Neglect by society plays a crucial role in widows' perception of their status quo. More than half of all women interviewed perceived widowhood as extremely hard, because of lack of financial means and social support.

Example 1: Difficulty means I had to do everything alone. I had to clean the dishes, wash the clothes, mop the floor, clean the portico, mop the entire house, I had to do everything. I would not get a moment's rest.

Example 2: No, we ourselves arranged, not even from my brother's house. They did not lend any help. I used to have children and go to work. Once my son was grown up, he started working. He quit the school and started working.

Example 3: I was feeling very horrible, I didn't know what I can do, I could not understand, I had faced such a position at that time. I didn't know where to go, what to do and...Moreover, this child was small. I had to give him qualification (education). I had to catch hold of such a person who can give him good qualification and all. So somehow...that time my father was alive, I went to his house. Certain times, our father, even if he is not good to my mother, we had to sometimes go, isn't it? So, at such a time, I had no one's help, so at such a time, I must go, isn't it? So once or twice or thrice I have gone to him. ... 16 years I lived (alone) but you know sometimes it was very fearing. Sometimes in the night, late at night somebody comes and rings bell and knocks the door. Then, at that time what could I do, I could not open the door, I was living alone. Everyone around knew that I am a single lady. So, I used to start abusing, I used to abuse so that they have to go away, somehow, they must get away. I never opened the door, just abuse with bad words, give bad words so that they will run away thinking "oh! This lady is terrible". Church supported her Money for the house, I don't have to give. In the beginning only I gave Rs.10,000 and they gave me the house, built and gave, that was Sister Maria Garcia she had built the house completely and gave me and also gave me some items to cook because I was single with the small child, Pavan. The middle one, that child. So, she gave some items Challenging childhood (widow's childhood; father was a drunkard) She (grandmother) took care at that time, delivery time. She was unqualified (uneducated), that is my grandmother, she used to work in the fields, so she would... when my father used to come to meet my mother, she would give complaints "your wife is doing like that, your wife is doing like this", he comes and beats on her head, blood and all. Because my grandmother used to complain, my grandmother also got one. You are complaining, so you also take.

Example 4: Yes, I went there (Ashram). His father and mother were there, but no one took care of me. elder daughter was 7 years old, younger one was 3.5 years old, and son was 1.5 years. They were such small kids when I went there. Till my daughters got married I was there, even after one year of their marriage I was there (then moved in their place) (Ashram/orphanage) From the beginning I will not plead anyone for help. If they voluntarily come and help, that is okay. My children themselves say "you were the one who went there. you should have earned and brought us up", but I did not know any work.

Social networks in forms of friendships, neighbors or associations they used to join do play a subordinate role. Nearly half of all interviews do not have any social networks in their life, another half does have some networks (new friends they have made in the nursing home), however, mostly not being established prior to being institutionalized.

Neglect by children

Neglect by own children plays a vital role for many widows' well-being. At the time of the interview, the majority of women interviewed had no more or only a very weak relationships to family members, including children and other family members. When the relationship to children was still functional, it directly reflected in the well-being of the widow/woman.

Example 1: It has been 1 year 4 months since my elder brother passed away. They don't want me. Brother's children are there. Brothers and my sisters are there, they are living like I am somebody else and they are somebody else (no way connected). I am a stranger to them, and they are strangers to me.

Example 2: They are all there. I have one elder brother, one elder sister and two younger brothers. [but in touch with no-

one] My brothers are supportive, but I am not aware where they are. ... Now I realize that whatever I said was wrong, I fear of being alone, that is why I want to go to my son.

Example 3: Nowadays daughter in laws do not look after anything... they will take care till I am healthy...who will look after me when I become old?

Example 4: Yes, my daughter-in-law is there but of no use. She was the one who sold the house. I had a house, she sold it. (Son died because of Covid-19) Husband's family stays far away; it is a big family. Nothing, even when my husband was there, they would not help, they would just come and go.

Example 5: From past one year, she is not looking after me, she is not giving money for my expenses, what can I do? That is why I came here. She is not giving money. It is my son-in-law who takes care of everything. Her husband, it is my son-in-law who used to take care, he has stopped now. He took care of me for 13 years, but he left the support all of a sudden.

Example 6: Our family from the beginning itself totally collapsed. So, where is the strength. He (second son) would live in Mangalore somewhere, but he was looking after his job and for his better, something he was after... for his better he was going on search. Then after that suddenly he went and stayed in Pune or Bombay. ... with my children, only when they were small, we lived together, after that I had to put him for studies and all. So, I met Mother Maria Garcia and she put him in the school... Nothing happens to me because I have left all that. I have not kept them near, I have kept them away (from heart).

Example 7: Do you know how I feel, when others have people to care about them, I feel a lot. My children won't give any money for my expenditure. Both of them are abroad, they don't even make a phone call saying mother is here.

Often times, the neglect by children had started long time ago, sometimes it had started when the mother's health got weaker, and she needed some support, and on the long run resulted in the widow having to move into the old age home rather than being taken care of by her own children.

Even though the majority of the interviewees have between 1-4 children, the children refused to take care of their mother, either work related, or being overwhelmed with the mother's health condition or because they are not in contact anymore.

Example 1: *Father told me "If you be here, you will keep teaching and you will strain yourself. So better you go to Ashram and take rest." The only problem that I came here was my leg issue. We should not trouble others. We should not live as a burden on anyone.*

Example 2: If I go home now, if I don't do any work, then I don't have any source for food. I have to work to fill the stomach.

Example 3: They (former client at a farm) wanted to leave me somewhere far away, (after she had fallen sick) they had taken me in the car. Then my daughter brought me here saying "don't work anymore". My daughter goes to office, then I will have to stay alone with them (daughter's family). That is why I could not.

Example 4: I used to get fits, that is why daughter got me here. Giddiness, fainting. But they are scared that I will get giddiness. That is the reason they admitted me here.

Example 5: Doctor bought me here. Doctor diagnosed the leprosy at the bottom of my foot, so I was hospitalized for a week... no two weeks. So, to get good care and medication doctor bought me to this place to stay comfortably.

Example 6: It was my own decision. As both of them (kids) are working abroad, if they had said "you stay at a home, we will send some money, you also get your pension, so you can manage, we will take care of the expenses" then I would have stayed there. They did not say anything as such.

Consequences of neglect

Neglect can have various consequences. In the case of the widowed women interviewed for this analysis, the neglect reflected on their health, overall well-being and in their future perspectives. Also, the mostly life-long neglect has led to certain coping strategies.

Health: Even though all women are well taken care of in their current old age home, many of them struggle health wise. Psychosomatic issues like stomach problems, headaches, lack of appetite, skin issues, sleeping disorders, or fatigue and lethargy (both signs of depression) are common noticeable problems – besides normal age-related issues. However, in some cases, the health status has improved after the move.

Future perspectives: Another obvious consequence of the neglect they had to endure is a lack of future perspectives, sometimes visible in statements of being disillusioned about life or wanting to die.

Example 1: I don't have any desires

Example 2: It is enough if I die, I don't want this life. I don't want the life in which no one is there. I would feel happy if the person who got me here visits me. Even they don't come. If I want to go, these people won't let me go out. They won't allow me to go to town.

Example 3: Now, what could I pursue more in life. I am sitting and life is moving on.

Example 4: What is there to do in future, nothing, I want to stay here, nowhere to go.

Example 5: Now I have got a ground, proper ground, I wish a nice death.

Coping strategies: Almost all interviewees are strongly connected to God – most of them being Christians. In praying, mostly several times a day, they find strength for daily life, and hope for the future.

Example 1: I do prayers very happily. If there are Hindus, they will go and sit aside, we will not force them. All the sorrows that we have will go away with prayers. … we get to do prayers and worshipping every morning, that gives immense happiness to me. Praying God is peace.

Example 2: He (God) will take care of me.

Example 3: I pray for the same to God and he has given me that (happiness) I have a photo of Mother Mary. I look at that very often and I pray to her always.

Example 4: Yes, whenever I hear the prayer, I kneel down and continue praying over here itself. I just pray that let me be fine the way I am. I haven't shared my sorrows with anyone over here. I have many things tied up in my heart for so long time but there is no one with whom I can talk open heartedly.

Example 5: … I feel God is great. If a thing like God was not there, I wouldn't have been in such a position. I always think that. There is God, so he is making all things move like this and there is God, so that… Yes, all this is happening because there is God. Since very small child also, he has only minded. So many times, I died, went to death's mouth but he brought me back and that last blessing was done, twice, thrice it was done.

Example 6: By God's grace, till now I am happy here. He has kept me well. I have felt that I don't have anyone. I pray to God, and I am happy.

Besides, having a fixed daily routine helps the interviewees to cope with a life they have not wished for – may it be handiworks; prayers, preparing meals, cleaning, watching TV, cattle work, or washing and folding clothes.

Example: I will do the work, then my mind will be busy. In the evenings I will watch some Konkani songs. I will switch off and sleep by 9pm.

Conclusion

Violence through neglect in women, especially in those being widowed, has been a common phenomenon for many decades (Ahmed-Gosh, 2009; Perkins et al., 2016; Kadoya et al., 2015; Bharati, 2011). The work at hand used the analysis of institutionalization of aged widows for drawing conclusions on the various forms of neglect they had to endure throughout life, may it be neglect in marriage or neglect through widowhood (by society/children).

Preventing and stopping neglect in women, and especially in widows, will require, on the one hand, different social protection mechanisms. On the other hand, awareness raising on the challenges these women have to face is necessary to increase the societal tolerance and understanding for their challenges. Institutional care is one support mechanism in old age; however, it is not yet widely accepted, nor is it – despite important approaches of the Indian government – present in the surface in India.

References

- Adhikari, P. (2017). Personal communication. 15th November 2017.
- Agrawal, G., Keshri, K. (2014). Morbidity patterns and health care seeking behavior among older widows in India. PLoS One. Apr 9;9(4): e94295.
- DOI: 10.1371/journal.pone.0094295. PMID: 24718291; PMCID: PMC3981780.
- Ahmed-Gosh, H. (2009). Ageing and Gender in India: Paradoxes of a Feminist Perspective. In: Asian Women. Vol.25. 1-27.
- DOI:
- Arokiasamy, P.; Bloom, D. et al (ed.) (2012). Longitudinal Aging Study in India: Vision, Design, Implementation, and Preliminary Findings. Washington (DC): National Academy Press (US). Available from: https://www.ncbi.nlm.nih.gov/books/NBK109220/?report=printable
- Bakshi, S.; Pathak, P. (2016). Aging and the Socioeconomic Life of Older Adults in India: An Empirical Exposition. SAGE Open.
- https://doi.org/10.1177/2158244015624130
- Bharati, K. (2011). Being Old and Widow: Understanding Their Social Realities. In: Indian Journal of Gerontology. Vol 25, pp. 415-437.
- https://doi:
- Berkman, L. F., Sekher, T. V. et al (2012). Social Networks, Family and Care Giving Among Older Adults in India. In: Smith, J., Malay, M. (eds.). Aging in Asia. Findings from New and Emerging Data Initiatives. Panel on

Policy Research and Data Needs to Meet the Challenge of Aging in Asia. Committee on Population. Division of Behavioral and Social Sciences and Education. Washington DC: The National Academies Press, pp. 261-278.
- Available from: https://www.ncbi.nlm.nih.gov/books/NBK92618/pdf/Bookshelf_NBK92618.pdf
- Bhatt, A., Joseph, M. et al (2017). Health problems and healthcare needs of elderly- community perspective from a rural setting in India. In: International Journal of Community Medicine and Public Health. Vol 4: 1213-1218.
- http://dx.doi.org/10.18203/2394-6040.ijcmph20171351
- Bhat, A., Dhruvarajan, R. (2001). Ageing in India: Drifting intergenerational relations, challenges and options. Ageing and Society. 21. 621 – 640. 10.1017/S0144686X0100842X.
- Brijnath, B. (2012). Why does institutionalized care not appeal to Indian families? Legislative and social answers from urban India. Ageing and Society, 32(4), 697-717. https://doi:10.1017/S0144686X11000584
- Chowdhury, A., Patnaik, M. (2013). Understanding Indian Family Life: The Gender Perspectives. In: International Journal of Multidisciplinary Management Studies, Vol. 3 (7): 58-67.
- https://doi:
- Dandona, R., Kumar, G. et al (2018). Gender differentials and state variations in suicide deaths in India: The Global Burden of Disease Study 1990-2016. In: Lancet Public Health, 3: e478-89.
- http://dx.doi.org/10.1016/S2468-2667(18)30138-5
- Dey, S., Nambiar, D., Lakshmi. JK., et al (2012). Health of the Elderly in India: Challenges of Access and Af-

fordability. In: National Research Council (US) Panel on Policy Research and Data Needs to Meet the Challenge of Aging in Asia; Smith, JP., Majmundar, M. (eds.). Aging in Asia: Findings from New and Emerging Data Initiatives. Washington (DC): National Academies Press (US).
- Available from: https://www.ncbi.nlm.nih.gov/books/NBK109208/
- Dey, AB. (2017). Personal communication, 14th November 2017.
- Dommaraju, P. (2016). Perspectives on Old Age in India. Pp. 293-308. In: Contemporary Demographic Transformations in China, India and Indonesia, edited by C. Z. Guilmoto and G. W. Jones. New York: Springer.
- DOI: 10.1007/978-3-319-24783-0_19
- Eeuwijk, P. van. (2006). Old-age vulnerability, ill-health and care support in urban areas of Indonesia. In: Ageing and Society. 26. 61-80.
- DOI: 10.1017/S0144686X05004344
- Flaskerud, JH., Winslow, BJ. (1998). Conceptualizing vulnerable populations health-related research. Nurs Res. 47(2):69-78.
- DOI: 10.1097/00006199-199803000-00005. PMID: 9536190.
- Global strategy and action plan on ageing and health. Geneva: World Health Organization; 2017. Licence: CC BY-NC-SA 3.0 IGO.
- GoI (2016). Elderly in India: profile and programmes. Neu-Delhi: Government of India. Online Available from: http://mospi.nic.in/sites/default/files/publication_reports/ElderlyinIndia_2016.pdf

- Gupta, R. (2009). Systems Perspective: Understanding Care Giving of the Elderly in India. In: Health Care for Women International, 30: 1040-1054.
- DOI:
- Gupta, A., Mohan, U. et al (2014). Home away from Home: Quality of Life, Assessment of Facilities and Reason for Settlement in Old Age Homes of Lucknow, India. In: Indian Journal of Community Health. 26. 165-169. 10.13140/2.1.2993.2165.
- DOI:10.13140/2.1.2993.2165
- Gupta, S. K., Sekher, T.V. (2018) Are Elderly Widows More Vulnerable to Abuse and Violence? Findings from Jharkhand, India. In: Shankardass M., Irudaya Rajan S. (eds) Abuse and Neglect of the Elderly in India. Springer, Singapore.
- https://doi.org/10.1007/978-981-10-6116-5_9.
- Hilhorst, D. J. M., & Bankoff, G. E. A. (2004). Introduction: Mapping vulnerability. In G. Bankoff, G. Frerks, & D. Hilhorst (Eds.), *Mapping vulnerability. Disasters, development & people* (pp. 1-9). Earthscan.
- Heller, P.S. (2006). Is Asia prepared for an Aging Population? IMF Working Paper 06/272. Washington DC: International Monetary Fund.
- HelpAge India (2016). Senior citizens' guide. Neu-Delhi: HelpAge. Online verfügbar unter: www.helpageindia.org/wp-content/uploads/2017/06/senior-citizens-guide-2016.pdf.
- Hilhorst, D. J. M., & Bankoff, G. E. A. (2004). Introduction: Mapping vulnerability. In G. Bankoff, G. Frerks, & D. Hilhorst (Eds.), *Mapping vulnerability. Disasters, development & people* (pp. 1-9). Earthscan.

- International Labor Organization (2018). Care work and care jobs for the future of decent work. International Labor Office, Geneva: ILO.
- Available from: https://www.ilo.org/wcmsp5/groups/public/---dgreports/---dcomm/---publ/documents/publication/wcms_633135.pdf
- Jaswal, N., Singh, S. (2014). Perceived social support among institutionalized and non-institutionalized elderly in Chandigarh (India). In: Indian Journal of Gerontology, 28. 372.
- DOI:
- Johnson, S., Madan, S. et al (2018). A Qualitative Analysis of the Emergence of Long-Term-Care (Old Age Home) Sector for Seniors Care in India: Urgent Call for Quality and Care Standards. In: Ageing International.
- DOI: 43. 1-10. 10.1007/s12126-017-9302-x.
- Kadoya, Y., Yin, T. (2015). Widow Discrimination and Family Caregiving in India: Evidence from Microdata Collected from Six Major Cities. In: J Women Aging. 27. 1-9.
- DOI: 10.1080/08952841.2014.928486.
- Kalavar, JM., Jamuna, D. (2011). Aging of Indian women in India: the experience of older women in formal care homes. In: J Women Aging. 23(3):203-15.
- DOI: 10.1080/08952841.2011.587730. PMID: 21767085.
- Koda, Y., Manachaya, U. (2018). Intergenerational transfers, demographic transition, and altruism: Problems in developing Asia. Rev Dev Econ (published online ahead: 21 May).
- DOI: 10.1111/rode.12369 (https://onlinelibrary.wiley.com/doi/epdf/10.1111/rode.12369).

- Kumar, Y. (2019). Understanding the Frontiers of Human Longevity in India: Imperative and Palliative Care. Indian journal of palliative care, 25(3), 455–461.
- DOI: https://doi.org/10.4103/IJPC.IJPC_20_19
- Kumar, Y., Bhakat, P. (2020). Aging and social networks: A perspective on gender disparity in India. In: J Women Aging. 2020 May 31:1-19.
- doi: 10.1080/08952841.2020.1718581. Epub ahead of print. PMID: 32476627.
- Lamb, S. (1997). The Making and Unmaking of Persons: Notes on Aging and Gender in North India. Ethos.
- DOI: 25. 10.1525/eth.1997.25.3.279.
- Leininger, M. (1991): Culture Care Diversity & Universality: A Theory of Nursing. National League for Nursing Press, New York.
- Love, P. (ed.) (2015). Ageing: Debate the Issues. OECD Insights, Paris: Organization for Economic Cooperation and Development.
- Available from: https://www.oecd-ilibrary.org/docserver/9789264242654-en.pdf?expires=1528455445&id=id&accname=guest&checksum=201C2B4150D6575EE9A5B69F4B00490B.
- Mallick, A. (2008). Narratives of Aged Widows on Abuse. In: Indian Journal of Gerontology, 22, pp.480-500.
- DOI:
- Mane, A. (2016). Ageing in India: Some Social Challenges to Elderly Care. In: Journal of Gerontology & Geriatric Research 5: e136.
- DOI:10.4172/2167-7182.1000e136
- Narendhar, R (2017). Personal communication. 13th November 2017.

- National Institute on Aging, National Institutes of Health, U.S. Department of Health and Human Services, World Health Organization (eds.) (2011). Global Health and Aging.
- Mohanraj, R (2017). Personal communication. 15th November 2017.
- Mohindra, K., Haddad, S. (2012). Debt, shame, and survival: Becoming and living as widows in rural Kerala, India. BMC International Health and Human Rights.
- DOI: 12. 28. 10.1186/1472-698X-12-28.
- Niimi, Yoko (2018). Does providing informal elderly care hasten retirement? Evidence from Japan. Rev Dev Econ (published online ahead: 21 May).
- DOI: 10.1111/rode.12395
- Available from: https://onlinelibrary.wiley.com/doi/epdf/10.1111/rode.12395
- Paul, N., Sherin, S. et al. (2016). Geriatric health policy in India: The need for scaling-up Implementation. In: Journal of Family Medicine and Primary Care, Apr-Jun; 5 (2): 242–247. DOI: 10.4103/2249-4863.192333
- Perkins, J.M., Lee, H. et al. (2016). Marital status, widowhood duration, gender and health outcomes: a cross-sectional study among older adults in India. In: BMC Public Health 16, 1032. https://doi.org/10.1186/s12889-016-3682-9
- Pillemer, K., Suitor, J.J., Baltar, A.L. (2019). Ambivalence, families and care. In: International Journal of Care and Caring, 3 (1): 9-22.
- DOI: 10.1332/239788219X15488381886362
- Ponnuswami, I., Rajasekaran, R. (2017). Long term care of older persons in India: Learning to deal with

- challenges. In: International Journal on Ageing in Developing Countries, 2 (1): 59-71.
- Razum, O., Zeeb, H. et al (ed.) (2014): Global Health. Gesundheit und Gerechtigkeit. Bern: Hans Huber.
- Ranjan, Alka. (2001). Determinants of Well-Being among Widows: An Exploratory Study in Varanasi. In: Economic and Political Weekly.
- DOI: 36. 4088-4094. 10.2307/4411295.
- Ritchie J., Spencer L. (1994). Qualitative data analysis for applied policy research by Jane
- Ritchie and Liz Spencer. In: Bryman A., Burgess R. G. (Hrsg.) (1994). Analyzing qualitative
- data (S.173-194). London: Routledge.
- Salem, B. E., Nyamathi, A. et al (2014). Development of a frailty framework among vulnerable populations. In: Advances in nursing science, 37(1), 70-81. https://doi.org/10.1097/ANS.0000000000000013
- Schröder-Butterfill, E., Marianti, R. (2006). Guest Editorial: Understanding vulnerabilities in old age. In. Ageing and society. 26. 3-8.
- DOI: 10.1017/S0144686X0500440X.
- Schröder-Butterfill, E., Marianti, R. (2006). A framework for understanding old-age vulnerabilities. Ageing and Society;26(1):9-35.
- DOI: 10.1017/S0144686X05004423. PMID: 23750062; PMCID: PMC3672844.
- Second World Assembly on Ageing (ed.) (2002). Political Declaration and Madrid International Plan of Action on Ageing. Madrid, Spain.
- Sharma, H., Jagdish, V. et al (2013). End-of-life care: Indian perspective. In: Indian J Psychiatry, 55 (Suppl 2): S293-S298.

- Smith, J., Malay, M. (ed.) (2016). Aging in Asia. Findings from New and Emerging Data Initiatives. Panel on Policy Research and Data Needs to Meet the Challenge of Aging in Asia. Committee on Population. Division of Behavioral and Social Sciences and Education. Washington DC: The National Academies Press
- Available from: https://www.ncbi.nlm.nih.gov/books/NBK92618/pdf/Bookshelf_NBK92618.pdf.
- Sukpaiboonwat, S., Plyngam, S. et al (2014). Does an Aging Population Diminish or Enhance Economic Growth? A Survey of Literature. In: Meiji Journal of Political Sciences and Economics, 3: 1-10.
- DOI:
- United Nations Economic and Social Commission for Asia and the Pacific (ed.) (2016). Long-term Care of Older Persons in India. Social Development Division Working Paper Series.
- Available from: https://www.unescap.org/resources/long-term-care-older-persons-india
- United Nations Populations Fund (2017). Caring for Our Elders: Early Responses – India Ageing Report – 2017. UNFPA, New Delhi, India.
- Varma, G.R., Yadlapalli, K. et al (2009). Health-related quality of life of elderly living in the rural community and homes for the elderly in a district of India: Application of the short form 36 (SF-36) health survey questionnaire. In: Zeitschrift für Gerontologie und Geriatrie, 43.
- DOI: 259-263. 10.1007/s00391-009-0077-x.
- Victor, C.R., Dobbs, C. et al (2019). Exploring intergenerational, intra-generational and transnational patterns of family caring in minority ethnic commu-

nities: the examples of England and Wales. In: International Journal of Care and Caring, 3 (1): 75-96.
- DOI: 10.1332/239788219X15488381886362
- Wang, C., Wan, G. et al (2018). Aging and inequality: The link and transmission mechanisms. Rev Dev Econ (published online ahead: 21 May). DOI: 10.1111/rode.12394
- Available from: https://onlinelibrary.wiley.com/doi/pdf/10.1111/rode.12394
- West, B. J.M., Lyon, M. (2007). Cultural care and Indian elders: Hindu spiritual life in the Ashram. In: Spirituality and Health International, 8: 135-147.
- World Health Organization (2015). World Report on Ageing and Health. World Health Organization. Geneva.
- Available from: http://www.who.int/iris/handle/10665/186463
- World Health Organization (2002). Active ageing: a policy framework. Geneva: World Health Organization.
- Available from: http://www.who.int/iris/handle/10665/67215
- World Health Organization [Internet]. Global Health Observatory (GHO) data. NCD mortality and morbidity [cited 2019, April 25].
- Available from: https://www.who.int/gho/ncd/mortality_morbidity/en/
- World Health Organization (2017). Global strategy and action plan on ageing and health. World Health Organization. Geneva.
- Available from: https://www.who.int/ageing/WHO-GSAP-2017.pdf?ua=1

9 Barbara Bojack – Sexuelle Gewalt in Haft

Sexualität, insbesondere sexuelle Gewalt in Haft, stellt ein wenig bearbeitetes Thema dar, ist als Tabu anzusehen – nichtsdestotrotz existent.

Historisch gesehen war Vergewaltigung geduldet oder sogar angeordnet. Viele Vergewaltigungen bei Frauen sind belegt, weil diese den Opfern zur Last gelegt wurden; die angeblichen Hexen hätten, so die Anklage, die Wächter verzaubert und verführt. Bei Folterungen mussten sich die Frauen nackt den Methoden unterwerfen. Nach Angaben der Organisation „Stop Prisoner Rape" werden heutzutage vor allem Männer Opfer sexueller Gewalt im Gefängnis, begangen entweder von Mithäftlingen oder von Wärtern. Besonders jüngere Männer sind betroffen, Frauen werden weltweit meist Opfer des männlichen Bewachungspersonals (Amnesty International, 2008).

Es passiert sicher erst, wenn die Zellentüren geschlossen sind. Im Juni 2020 wurde vor dem Landgericht Gera ein Fall von Vergewaltigung verhandelt, der sich im Gefängnis Hohenleuben zugetragen haben soll. Das Gericht hatte keine Beweise gegen den Angeklagten und sprach ihn frei (Deutschlandfunk 22.6.20)

Die Datenlage zeigt, dass das Thema bislang wenig beachtet wurde. 2021 wurde eine Studie des Instituts für angewandte Rechts- und Kriminalsoziologie der Universität Innsbruck vorgestellt (Hofinger, V., 2021). Darin wurden Anstaltsbedingungen und Gewalterfahrungen von Inhaftierten in österreichischen Haftanstalten erforscht. Der Studie zufolge berichten nahezu drei Viertel (72 %) der Verurteilten, von Gewalt betroffen zu sein. Besonders betroffen sind Jugendliche und Personen im Maßregelvollzug. Eine relativ hohe Zahl der österreichischen Bevölkerung befindet sich im Gefängnis, nämlich 100 von 100 000 Menschen. Diese Zahl ist deutlich höher als in Deutschland oder der Schweiz. [5]

Jeder Befragte berichtete von mindestens einem Gewaltvorfall in Haft gegen seine Person, also in irgendeiner Form von psychischer, körperlicher oder sexueller Gewalt. Die Bandbreite der Erfahrungen reicht von leichteren Formen psychischer Gewalt, wie aggressivem Anschreien, über Tritte und Schläge bis hin zu Vergewaltigungen (Hofinger, V., 2021). Jede/r Zehnte berichtete von sexueller Belästigung bzw. Gewalt, wobei auch hier die Bandbreite von objektiv harmlosen Situationen bis hin zu schwerer sexueller Gewalt reicht. Es wird, gerade bei sexueller Gewalt, von einer hohen Dunkelziffer ausgegangen. Überfüllung und Anstaltskultur stehen damit im Zusammenhang, Aggressionen sind schwer abbaubar, Möglichkeiten sinnvoller Beschäftigung stehen vielfach aus (Herrmann, G., 2021).

---

5 Zum Vergleich: „Zum Stichtag des 31. März 2022 befanden sich 42.492 Strafgefangene und Sicherungsverwahrte in den Justizvollzugsanstalten in Deutschland, ..." https://de.statista.com/statistik/daten/studie/225/umfrage/gefangene-und-verwahrte-seit-dem-jahr-2000/gelesen am 1.11.2023
„Im Jahr 2023 waren in der Schweiz 6.445 Personen inhaftiert." https://de.statista.com/statistik/daten/studie/294714/umfrage/gefaengnisinsassen-in-der-schweiz/gelesen am 1.11.2023

Die hohe Dunkelziffer scheint strukturell bedingt zu sein und im Zusammenhang damit zu stehen, dass es um das Vertrauen in die Institution und seine Vertreter schwierig bestellt ist. So greift Drescher (Drescher, M., Vertrauen und Misstrauen im Gefängnis, 2021) Beispiele auf und deren Hintergründe für die Gewalt unter Verurteilten. Vielfach werden durch die Abgeschiedenheit und die Einsamkeit in der Zelle Phantasien befördert und Wünsche entdeckt, die sich schließlich entladen können und zu Gewalt führen. Müller (Müller, M. et al., Störung der Selbstregulation als Prädiktor für Rückfälligkeit bei jungen Straftätern, 2021) legt dar, dass Sexualstraftaten, und dazu gehören derartige Übergriffe, eine multifaktorielle Genese haben. Hierzu gehören neurobiologische und psychosoziale Faktoren sowie psychische Störungen, die aller Wahrscheinlichkeit nach im Sinne eines psycho-sozialen Modells multifaktoriell wirken und sich gegenseitig bedingen können. In der Haftanstalt lebt der Verurteilte auf engem Raum und ist seinen Gedanken und Stimmungen ausgesetzt. Für Wut und Aggression ist wenig Platz, die Ablenkung ist gering. So findet sich hier ein psychosozialer Raum, der nicht deeskalierend wirkt. Kommen noch weitere Faktoren hinzu, kann es zur Entladung kommen.

Eine andere Studie (Gaes und Goldberg, 2004: 55ff) gibt an, dass 20 % der Gefangenen etwa mindestens einmal während ihrer Haftzeit Opfer von sexueller Nötigung oder Gewalt werden.

Die Datenlage ist unterschiedlich; erklärlich ist das, weil die Viktimisierungsraten in den einzelnen Anstalten unterschiedlich sind, ebenso wie bei den Studien die methodischen Vorgehensweisen variieren (Art und Umfang der Stichproben und/oder Erhebungsinstrumente).

Sexuelle Gewalt ist in den Männergefängnissen stärker verbreitet als in den Frauengefängnissen (Hensley et al., 2003). Aber auch unter weiblichen Gefangenen gibt es sexuelle Übergriffe (Alarid, 2000; Struckman-Johnson, 2002). Das Risiko für sexuelle Übergriffe ist bei Frauen durch Bedienstete größer als für Männer (Struckman-Johnson, 2002). Aus Angst vor Rache, Repressalien und Scham wird sexualisierte Gewalt im Gefängnis oft verschwiegen. Deshalb ist von einer hohen Dunkelziffer auszugehen (Human Rights Watch, 2001).

Sehr anschaulich schildert die Bundeszentrale für politische Bildung (Laubenthal, K., 2010, https://www.bpb.de/shop/zeitschriften/apuz/32977/gefangenensubkulturen/- gelesen am 15.11.2023) die Situation in bundesdeutschen Gefängnissen. Dies wird nachfolgend zur Verdeutlichung zitiert. Gezeigt werden subkulturelle Strukturen, die im Zusammenhang mit Gewalt im Gefängnis stehen, dabei spielt sexuelle Gewalt eine wichtige Rolle.

„Als Reaktionen auf den Freiheitsentzug und zur Bewältigung der mit der Inhaftierung verbundenen Lebenssituation existieren in den Justizvollzugsanstalten (JVAen) subkulturelle Gegenordnungen mit spezifischen Normen, einer gewissen Organisation und besonderen Gebräuchen."[6]

---

6 Dazu Klaus Laubenthal, Erscheinungsformen subkultureller Gegenordnungen im Strafvollzug, in: Thomas Feltes/Christian Pfeiffer/Gernot Steinhilper (Hrsg.), Kriminalpolitik und ihre wissenschaftlichen Grundlagen. Festschrift für Hans-Dieter Schwind, Heidelberg 2006, S. 593-602.

„Die Subkulturen stellen Teilsysteme innerhalb des umfassenderen Gesamtsystems einer Anstalt dar. In ihnen können die einzelnen Gefangenen verbotene Mittel anwenden, unerlaubte Ziele verfolgen, die Erwartungen des offiziellen Vollzugsstabs hinsichtlich ihrer Person umgehen und dadurch eine gewisse Freiheit in Unfreiheit erlangen.

Entstehungsbedingungen und Erscheinungsformen der Gefangenensubkulturen gehörten in Deutschland zu den eher vernachlässigten Bereichen der Strafvollzugswissenschaft. Vor allem Gewalttätigkeiten unter Inhaftierten wurden lange Zeit kaum öffentlich wahrgenommen und unter wissenschaftlichen Aspekten nur wenig thematisiert. Erst seit relativ kurzer Zeit beziehen sich auch bei uns vermehrt Forschungsprojekte auf subkulturelle Handlungsweisen von Gefangenen. Es waren im Wesentlichen die Ereignisse im Jugendstrafvollzug der JVA Siegburg in der Nacht vom 11. auf den 12. November 2006, die das Thema der Subkulturen im Strafvollzug ins Blickfeld einer breiteren Öffentlichkeit – insbesondere der Medienöffentlichkeit – rückten. In der nordrhein-westfälischen JVA waren zum fraglichen Zeitpunkt vier junge Gefangene in einem etwa 20 Quadratmeter großen Haftraum untergebracht. Ohne jeglichen äußeren Anlass misshandelten drei von ihnen über Stunden hinweg den vierten Gefangenen und missbrauchten ihn sexuell. Schließlich beschlossen sie, ihn zu töten. Nach vier misslungenen Versuchen mit diversen Elektrokabeln erhängten sie ihn mit einem aus Bettlaken gedrehten Strick. Die mediale Berichterstattung über diesen Fall führte zur „Entdeckung" der vollzuglichen Subkulturen und ihrer Erscheinungsformen."

Die Tragik war, dass der kontrollierende Bedienstete die Qualen und Quälereien nicht bemerkte.

„Es kann ausgeschlossen werden, dass es eine ganz spezifische Anstaltsgesellschaft mit gänzlich übereinstimmenden formellen und informellen Normen und Werten gibt, in die Verurteilte sich im Verlauf ihres Anstaltsaufenthalts einem bestimmten Verhaltenstypus gemäß einfügen. Die Entzugssituation der Inhaftierung löst vielmehr individuell unterschiedliche Mechanismen aus, zu denen auch die Bildung informeller Subsysteme oder der Anschluss an solche gehört. Inwieweit eine Anpassung der einzelnen Inhaftierten an solche Systeme erfolgt, hängt auch von der jeweiligen Biographie ab. Die Vielfältigkeit der Ursachen des menschlichen Verhaltens – und auch das der Reaktionen auf Konflikt- und Stresssituationen – stellt modellhafte typische Rollenbeschreibungen von Strafgefangenen infrage. Dennoch sind personenunabhängig und anstaltsübergreifend bestimmte Erscheinungsformen von Gefangenensubkulturen festzustellen. Vordergründig zeigt sich die Anstaltssubkultur etwa bei illegalen Kauf- und Tauschgeschäften in den Vollzugseinrichtungen. Dabei ist das Schwarzmarktgeschehen wiederum gekennzeichnet von subkulturellen Gegenleistungen (Übermittlung von Nachrichten, sexuelle Hingabe, Einschmuggeln verbotener Gegenstände), wobei das Eintreiben der illegalen Schulden von Gefangenen mit Nachdruck betrieben wird."[7]

---

[7] Vgl. Ralf Kölbel, Strafgefangene als Eigentümer und Vertragspartner, in: Strafverteidiger, 19 (1999) 9, S. 498-507.

„Zu den offen erkennbaren Ausdrucksformen subkultureller Aktivitäten zählen ferner die knasttypischen Tätowierungen." [8]

„Die Anstaltssubkultur zeigt sich ferner im Sprachgebrauch der Strafgefangenen. Die Inhaftierten bilden eine rund um die Uhr in der Einrichtung anwesende, von der Außenwelt mehr oder weniger abgeschottete Sprachgemeinschaft. Diese pflegt mit der Knastsprache einen eigenen Wortschatz, wobei ihr auch eine Einheit stiftende Funktion im Sinne eines Zusammengehörigkeitsgefühls zukommt."[9] „Bezogen auf die Sicherheit und Ordnung in den JVAen liegen die eigentlichen Problemfelder jedoch vor allem in der Herausbildung von Rangordnungen in den Einrichtungen. Hinzu kommen Gruppenbildungen. Geprägt sind die Aktivitäten auf der subkulturellen Ebene zudem ganz wesentlich durch die vollzugliche Suchtproblematik".

Die Hierarchie entscheidet über die Rolle – Täter oder Opfer, abwechselnd, und die Form der Gewalt.

---

8 Vgl. Klaus Pichler, Tätowieren als Element der Gefängniskultur, in: Kai Bammann/Heino Stöver (Hrsg.), Tätowierungen im Strafvollzug, Oldenburg 2006, S. 145-159.
9 Vgl. Klaus Laubenthal, Lexikon der Knastsprache, Berlin 2001.

Rangordnungen unter den Gefangenen

Mit dem Haftantritt erfolgt für die Verurteilten eine Ausgliederung aus ihrer gewohnten sozialen Umwelt. Sie verlieren ihren bisherigen gesellschaftlichen Status und werden in ein neues, geschlossenes soziales System eingegliedert. Das Leben in einer Einrichtung des Justizvollzugs setzt die Insassen einer Vielzahl unerwünschter Situationen und Kontakte aus, ohne dass sie stets in der Lage wären, diesen auszuweichen. Die Inhaftierten erleben so einen Verlust an persönlicher Sicherheit. Über ein hohes Angstniveau unter Insassen berichten nicht nur nordamerikanische Strafvollzugsstudien. Ein angstbesetztes Klima in den Vollzugseinrichtungen ermittelten auch jüngere Untersuchungen im deutschen Strafvollzug."[10]

„Die Inhaftierten finden in der JVA hierarchische Statusdifferenzen unter den Mitgefangenen vor. Neuankömmlinge erfahren auf der zwischenmenschlichen Ebene, dass sie sich behaupten müssen. Sie sind gezwungen, in ihrem eigenen Interesse einen Platz in der Rangordnung zu finden. Neuinsassen sind zunächst besonders gefährdet, Opfer von Unterdrückung und Misshandlung

---

10 Vgl. Helmut Kury/Ursula Smartt, Gewalt an Strafgefangenen, in: Zeitschrift für Strafvollzug und Straffälligenhilfe, 51 (2002) 6, S. 323-339; Eckart Werthebach/Hubert Fluhr/Klaus Koepsel/Johannes Latz/Klaus Laubenthal, Kommission Gewaltprävention im Strafvollzug – Nordrhein-Westfalen. Ergebnis der Überprüfung des Jugend- und Erwachsenenstrafvollzuges, Bonn 2007.

zu werden. Sie stehen vor der Aufgabe, sich beweisen zu müssen. Sie erfahren, dass ein ganz wesentlicher Aspekt zur Statuserlangung physische Stärke darstellt. Wer Durchsetzungsvermögen besitzt, wer in der Lage ist, sich Respekt zu verschaffen, wer sich nichts gefallen lässt, der läuft weniger als andere Gefahr, Opfer zu werden oder zu bleiben. Männliche Inhaftierte testen aus, wie die eigene Männlichkeit unter den Augen der anderen Männer abschneidet."[11]

„Statusfunktion kommt neben der physischen Stärke noch anderen Gesichtspunkten zu. Macht und Ansehen in der Gefangenengemeinschaft bedingen etwa die Deliktsebene (wie Mord), die Haftdauer sowie Hafterfahrung. Statusfunktion kommt sozialer und intellektueller Kompetenz zu. Von Bedeutung sind ferner Zugangsmöglichkeiten zu illegalen Gütern (vor allem zu Betäubungsmitteln), Kontakte zu einflussreichen Mitinhaftierten oder gute Rechtskenntnisse.

In der vollzuglichen „Hackordnung" besitzen jedoch nicht nur Neuankömmlinge zunächst ein höheres Opferrisiko. Dies betrifft auch diejenigen, die durch körperliche Schwäche auffallen, denen es an Durchsetzungsvermögen fehlt oder die aus anderen Gründen nicht bereit sind, Gewalt anzudrohen oder auszuüben. Eine Ausgrenzung erfahren solche Tätergruppen, die aufgrund der

---

11 Vgl. Mechthild Bereswill, The Society of Captives – Formierungen von Männlichkeit im Gefängnis, in: Kriminologisches Journal, 36 (2004) 2, S. 92-108; siehe auch Wolfgang Kühnel, Gruppen und Gruppenkonflikte im Jugendstrafvollzug, in: Monatsschrift für Kriminologie und Strafrechtsreform, 89 (2006) 4, S. 276-2

Art ihrer Straftat von vornherein von einem Aufstieg ausgeschlossen bleiben. Das gilt für Sexualstraftäter im Männerstrafvollzug – vor allem solche des sexuellen Kindesmissbrauchs – sowie für wegen Kindestötung inhaftierte Mütter in den Fraueneinrichtungen; Gleiches betrifft auch transsexuelle Gefangene. Sie alle rangieren in der Gefangenenhierarchie auf niedrigster Stufe. Gewalt gegen sie dient nicht der Bestimmung eines Platzes in der „Hackordnung", sondern ist Ausgrenzungsgewalt. Zudem kommt es zu erniedrigenden Vorgehensweisen u. a. aus sadistischer Veranlagung heraus.

Gewaltandrohung und -ausübung stellen unter den Insassen von Vollzugseinrichtungen anerkannte Mittel dar, die Position der einzelnen Inhaftierten in der Gefangenenhierarchie zu bestimmen. Der Zwang, sich durchsetzen zu müssen, beherrscht aber nicht nur das Verhalten der Neuinhaftierten. Über die gesamte Haftzeit hinweg ist der Alltag von fortwährenden Anerkennungsritualen und Positionskämpfen in einer dynamischen Rangordnung geprägt. Präsentiert wird Aggressivität. Es kommt zu physischer Gewalt, wobei es nicht nur bei Körperverletzungen bleibt. Die Gewalttätigkeit unter Inhaftierten erfolgt nicht selten auch sexualbezogen. Ein spezifisches Problem in den Vollzugseinrichtungen stellt der sexuelle Missbrauch von Mitgefangenen dar." [12]

„Nordamerikanische empirische Untersuchungen gehen von einem Anteil von bis zu 20 Prozent der Inhaftierten aus, die während der Haft mindestens ein-

---

12 Siehe H. Kury/U. Smartt (Anm. 5), S. 323-339.

mal Opfer von sexueller Nötigung oder Vergewaltigung durch andere Gefangene wurden."[13]

„Sexuelle bzw. sexualisierte Gewalt in Haftanstalten werden häufig aus Scham oder Angst vor Rache verschwiegen, und es existiert deshalb eine hohe Dunkelziffer. Dabei ist sexuelle Gewalt in Strafvollzugseinrichtungen für Männer offenbar stärker verbreitet als in Haftanstalten für Frauen. Dennoch kommt es auch unter weiblichen Gefangenen zu sexuellen Übergriffen."

Diese Beobachtung, dass Männer aus Scham sexuelle Übergriffe jedweder Form verschweigen, zeigt sich nicht nur in den JVAen, sondern auch in der Gesellschaft. Dies kann auch mit dem Rollenverständnis der Männer zusammenhängen, möglichst keine Schwäche zu zeigen und zuzugeben.

„Zu den Formen des Gewalthandelns in den Vollzugseinrichtungen gehört ferner das Unterdrücken von Mitgefangenen. Insbesondere inhaftierten Jugendlichen dient das sogenannte Bullying, das systematische Schikanieren einer Person, als Durchsetzungsmittel zur Statuserlangung. Über einen längeren Zeitraum hinweg kommt es zu einem andauernden aggressiven und herabsetzenden Verhalten gegenüber einem Gefangenen durch einen oder mehrere Mitinhaftierte. Dabei existiert zwischen Opfer und Täter(n) ein Ungleichgewicht der Kräfte. Oftmals ist

---

13 Vgl. Nicola Döring, Sexualität im Gefängnis, in: Zeitschrift für Sexualforschung, 19 (2006) 4, S. 315-333; siehe auch Gerlinda Smaus, Die ultimative Erniedrigung – Was die Vergewaltigung von Männern durch Männern in Gefängnissen bedeutet, in: Neue Zürcher Zeitung vom 2.11. 2007, S. 29

aber keine eindeutige Zuordnung zu Opfer- und Täterschaft möglich. Es gibt Inhaftierte, die sowohl Täter als auch Opfer des Bullying sind."[14]

Schwer zu recherchieren und zu durchschauen sind die Beziehungen und Verhältnisse bei Menschen mit Migrationshintergrund. Die kulturellen Vorstellungen und Werte können sich unterscheiden. Häufig spielen eine besondere Verschwiegenheitspflicht, familiärer und landsmannschaftlicher Zusammenhalt eine Rolle.

Verurteilte mit Migrationshintergrund

Statusfunktion in der Hierarchie kommt auch der Gruppenzugehörigkeit zu. Letztere wird in den JVAen vor allem durch soziale Kategorien bestimmt, wobei ethnische Merkmale (bestimmte ausländische Herkunft; Spätaussiedler) im Vordergrund stehen. In den bundesdeutschen JVAen war seit Mitte der 1980er Jahre eine fast kontinuierliche Zunahme der Anzahl von nichtdeutschen Inhaftierten zu verzeichnen."[15]

---

14 Vgl. Eduard Matt, Gewalthandeln und Kontext: Das Beispiel Bullying, in: Bewährungshilfe, 53 (2006) 4, S. 339-348.
15 Zur vollzuglichen Ausländerproblematik vgl. Anja Rieder-Kaiser, Vollzugliche Ausländerproblematik und Internationalisierung der Strafverbüßung, Frankfurt/M. 2004, S. 38ff.

„Bewegte sich deren Quote lange im Bereich von zehn Prozent, wuchs sie seit Beginn der 1990er Jahre sprunghaft an. 1994 hatte bereits jede fünfte straffällig gewordene Person im Vollzug der Freiheitsstrafe keine deutsche Staatsbürgerschaft. Bis 1999 wuchs der Anteil auf 24,5 Prozent und lag am 31. März 2008 bei 22,2 Prozent."[16]

„Der relativ hohe Anteil nichtdeutscher Inhaftierter stellt besondere Anforderungen an Justizverwaltung und Anstaltspersonal. Ein bedeutender Anteil der JVA-Insassen kommt aus Kultur- und Rechtskreisen, in denen ein anderes Normen- und Werteverständnis herrscht. Dies beeinträchtigt den Behandlungsprozess zur Erreichung des Vollzugsziels einer sozialen Reintegration."

Eine spezielle Gruppe mit eigenen Regeln bilden die Russlanddeutschen. Sie bilden eine eigene Hierarchie und ein eigenes Gefüge in den JVAen.

Dies ist wichtig zu wissen, um zu verstehen, dass z. B. die Angreifbarkeit durch ein Suchtproblem die Eintrittskarte für eine bestimmte Stellung in der Hierarchie z. B. die Ableistung sexueller Dienstleistungen sein kann. Nichtsdestoweniger spielen Sadismus und Machtausübung bei sexueller Gewalt eine große Rolle." (Bundeszentrale für politische Bildung (Laubenthal, K., 2010, https://www.bpb.de/shop/zeitschriften/apuz/32977/gefangenensubkulturen/ gelesen am 15.11.2023)) [17]

---

16 Statistisches Bundesamt, Strafvollzug – Demographische und kriminologische Merkmale der Strafgefangenen, Wiesbaden 2008, S. 14.

17 „Es ist aber nicht die Zahl von Inhaftierten ohne deutschen Pass als solche, die zu vollzuglichen Belastungen führt. Schwierigkeiten in den Anstalten erwachsen vielmehr vor

allem daraus, dass es sich bei den ausländischen Gefangenen gerade nicht um eine homogene Einheit handelt, sondern um eine Vielfalt von Menschen unterschiedlicher Staatsangehörigkeit und Herkunft. Das Zusammenleben unterschiedlicher Nationalitäten mit jeweils eigenständigen kulturellen Vorstellungen, Lebensgewohnheiten und anderen Einstellungen zu körperlicher Integrität auf engstem Raum führt zu Konflikten und Auseinandersetzungen zwischen verschiedenen Insassengruppen. Diese werden auch mittels Gewalt ausgetragen. Erschwerend kommt beim Umgang mit nichtdeutschen Inhaftierten die Problematik der Sprachbarriere hinzu. Dieser Belastungsfaktor trifft jedoch nicht nur das Verhältnis zwischen Bediensteten und nichtdeutschen Gefangenen, sondern auch dasjenige der ausländischen zu den inländischen Inhaftierten sowie die Kommunikation der Nichtdeutschen untereinander. Bereits verbale Verständigungsschwierigkeiten bedingen Gruppenbildungen, die subkulturellen Charakter haben." (Dazu Klaus Laubenthal, Migration und Justizvollzug, in: Vierteljahresschrift für Flüchtlingsfragen (AWR-Bulletin), 42 (2004) 3, S. 33-46).

„Die durch Gruppenhierarchien bedingten Konflikte in den Vollzugseinrichtungen werden verschärft durch die Gemeinschaft der häufig als behandlungsresistent geltenden inhaftierten Spätaussiedler im Männerstrafvollzug," (Zur vollzuglichen Aussiedlerproblematik vgl. Bayerisches Staatsministerium der Justiz, Bericht zur Situation Jugendlicher und junger erwachsener Gefangener aus der ehemaligen UdSSR, München 1999; Gabriele Dolde, Spätaussiedler – „Russlanddeutsche" – ein Integrationsproblem, in: Zeitschrift für Strafvollzug und Straffälligenhilfe, 51 (2002) 3, S. 146-151; Simone Kleespies, Kriminalität von Spätaussiedlern, Frankfurt/M. 2006, S. 170ff) „bei denen aufgrund ihrer hergebrachten Einstellungen, Verhaltensweisen und sozialen Einbindungen gerade die Russlanddeutschen unter den Inhaftierten als besonders problematisch gelten. Diese sind Subkulturstrukturen sehr zugeneigt. Die Russlanddeutschen haben eine ausgeprägte Subkultur mit hierarchischen Rollendifferenzierungen gebildet sowie mit einem rigiden Unterdrückungs- und Erpressungssystem. Sie legen

Wert auf ihre Andersartigkeit und kommunizieren untereinander ausschließlich in russischer Sprache. Probleme bereiten in der Vollzugspraxis Sprachdefizite, Behandlungsunwilligkeit sowie der Missbrauch gemeinschaftlicher Aktivitäten zur Festigung ihrer Subkultur. Vermutet wird zudem eine Verbindung vieler russlanddeutscher Inhaftierter zur organisierten Kriminalität." (Vgl. Hans-Dieter Schwind, Kriminologie, Heidelberg 200919, S. 537).
„Die subkulturelle Hierarchie in den Gruppen der Aussiedler in den Vollzugsanstalten teilt sich jeweils auf in drei Ebenen: der „Boss" mit seinen Gehilfen, die „Vollstrecker" und die „Opfer". Der „Boss" legt für seine Gruppe die Rollen- und Werteverteilung fest. Der Status entscheidet über Umfang und Verbindlichkeit der vom Einzelnen einzuhaltenden Regeln und dessen Einfluss in der Gruppe. Auch innerhalb dieser Gemeinschaften versucht das einzelne Mitglied, in der Hierarchie möglichst weit nach oben aufzusteigen, um Repressalien und Statusminderungen bei Verstößen gegen die internen Regeln zu entgehen. Statusniedrigere Gefangene bekommen risikoreichere Aufgaben zugeteilt. Werden sie dabei entdeckt, so erscheinen die eigentlichen Opfer als Täter – ohne das Subkultursystem zu gefährden. Verbreitete Repressalien innerhalb des subkulturellen Systems sind Demütigungen, Androhung oder Zufügung von Gewalt oder die Erteilung bestimmter Aufträge. Zum Teil erstrecken sich diese auch auf Verwandte und Bekannte des Betroffenen. Neuzugänge unterliegen besonderen Aufnahme- und Erprobungsritualen. Sie müssen etwa Mithäftlinge und Bedienstete bedrohen, angreifen oder beleidigen oder Aufgaben im Rahmen der Verteilung von Betäubungsmitteln übernehmen.
Speziell unter den russlanddeutschen Inhaftierten findet sich eine besondere Art von Subkultur: Die „Diebe im Gesetz" – eine Bewegung, die auch außerhalb der Vollzugseinrichtungen operiert." (Siehe zu dieser Bewegung Peter Skoblikow, Vermögensstreitigkeiten und Schattenjustiz im postsowjetischen Russland, in: Kriminalistik, 59 (2005) 1, S. 19-25; H.-D. Schwind (Anm. 14), S. 625). „Diese verfügt über einen eigenen Kodex, einen eigenen Sprachgebrauch sowie eine Zeichensprache. In den Anstalten des Justizvoll-

zugs trifft ein ausdifferenziertes Tätowiersystem Aussagen über Straftat, Strafdauer, Anzahl von Verurteilungen und den Rang des Trägers. Ein internes Strafensystem dient der Sanktionierung von Abweichlern und der Maßregelung von sogenannten unehrenhaften Gefangenen (wie Sexualstraftätern). Aus einer Art Solidarkasse, in die jeder Inhaftierte einzubezahlen hat, werden Anschaffungen von Genuss- bis hin zu Suchtmitteln finanziert. Es gibt Anzeichen dafür, dass die Gesetze der Bewegung sich unter den inhaftierten russlanddeutschen Spätaussiedlern immer stärker ausbreiten und sie den Status allgemein verbindlicher Regelungen zu beanspruchen versuchen. Die Vereinigung der „Diebe im Gesetz" ist ferner gekennzeichnet durch eine Zwangsmitgliedschaft jedes inhaftierten Landsmanns. Der Statusbestimmung dient zunächst die „Kasjak"-Prozedur. Neuankömmlinge werden auf persönliche Einstellungen und ihre kriminelle Karriere überprüft. Auf Regelverstöße oder statusreduzierende Delikte folgen Repressalien wie Demütigungen, Bedrohung oder Einschüchterung. Das interne Bestrafungssystem wird bedingungslos akzeptiert. Des Weiteren ist jeder Landsmann zur Teilnahme am gemeinsamen Versorgungssystem verpflichtet. „Abschtschjak", die aus „freiwilligen" Spenden und Erpressungsgeldern gebildete gemeinsame Kasse, hält die russisch sprechende Subkultur zusammen. Neben der Funktion als Bank ist sie eine Art Anlaufstelle für Rat suchende Loyale und zugleich Kontroll- bzw. Repressionsinstanz gegenüber Illoyalen. Der „heilige Abschtschjak" ist im Bewusstsein der Kriminellen eine nicht zu hinterfragende Instanz. Vorgegeben ist auch ein absolutes Aussageverbot gegenüber staatlichen Organen bis hin zur Übernahme von Verantwortung für von anderen begangene Delikte)."

„Jede Gesellschaft muss sich daran messen lassen wie sie mit ihren Minderheiten umgeht." (Mahatma Gandhi) Es ergibt sich die Frage, inwieweit diese interne Welt des Strafvollzugs ein Abbild der Gesellschaft darstellt. Des Weiteren ist anzumerken, dass es einerseits sexuelle Gewalt im Gefängnis gibt und andererseits Sexualstraftäter als unterste Gruppe mit niedrigstem Ansehen gelten. In Gefängnissen bedürfen die Sexualstraftäter eines besonderen Schutzes, sonst werden sie geächtet und sind der Gewalt der anderen ausgeliefert. Die Vermutung, dass dies beabsichtigt sein könnte, wird allseits zurückgewiesen.

Literaturverzeichnis

- Alarid L, Sexual assault and coercion among incarcerated women prisoners: Excerpts from prison letters. Prison J 2000; 80 (4): 391 – 406
- Amnesty International, 2008, https://de.wikipedia.org/wiki/Vergewaltigung_von_Strafgefangenen/gelesen am 15.11.23
- Bundeszentrale für politische Bildung (bpb) – Aus Politik und Zeitgeschichte (APuZ) 2010 – **Gefangenensubkulturen im Strafvollzug**, Laubenthal, K. 08.02.2010 https://www.bpb.de/shop/zeitschriften/apuz/32977/gefangenensubkulturen//gelesen am 1.11.23
- Deutschlandfunk 22.6.20, https://www.deutschlandfunknova.de/beitrag/sexuelle-gewalt-in-gefaengnissen-es-passiert-dann-wenn-die-zellen-geschlossen-

sind/gelesen am 1.11.23 – mitgeteilt durch Manuel Matzke, Sprecher der Gefangenen-Gewerkschaft/Bundesweite Organisation – GG/BO
- Gaes GG, Goldberg AL, Prison rape: A critical review of the literature. Working paper. National Institute of Justice, Washington DC, 2004
- Human Rights Watch. No escape: Male rape in U.S. prisons, 2001
- Herrmann, Georg, Mein Bezirk, „Die Gewalt im Häfn", 30.3.2021, https://www.meinbezirk.at/innsbruck/c-lokales/die-gewalt-im-haefn_a4556609/gelesen am 1.11.23
- Hofinger, Veronika, Gewalt in Haft. Ergebnisse einer Dunkelfeldstudie in Österreichs Justizanstalten, LIT Verlag, Münster, 2021
- Drescher, M., Vertrauen und Misstrauen im Gefängnis, MA 2021
- Müller, M. et al., Störung der Selbstregulation als Prädiktor für Rückfälligkeit bei jungen Straftätern, 2021, EFPPP Jahrbuch 2019 – Empirische Forschung in der Forensischen Psychiatrie, Psychologie und Psychotherapie (pp.73-82), Publisher: Medizinisch-Wissenschaftliche Verlagsgesellschaft
- Struckman-Johnson D., Sexual coercion reported by women in three Midwestern prisons. J Sex Res 2002; 39(3): 217 – 227

10 Experteninterview
mit Diplom Psychologe Peter Berger

Interviewdatum: 15.06.2021
Herr Peter Berger wird befragt zum Thema ambulante vs. stationäre Therapie, die Fragen stellt Frau Dr. Bojack

Herr Berger, könnten Sie vielleicht ein bisschen erklären, was stationäre und was ambulante Therapie ist?

Ja, ambulante Therapie ist, dass man als Patient einen Therapeuten in seinen Praxisräumen aufsucht. In der Regel ist das eine Einzeltherapie. Das bedeutet, dass der Therapeut sich exklusiv dem Patienten zuwendet und die Rollenverteilung klar ist. Man weiß relativ wenig über den Therapeuten in der psychoanalytischen Therapie und der Therapeut weiß relativ viel über den Patienten. Es ist also eine sehr unsymmetrische Beziehung. Der Therapeut ist immer der Therapeut, Patient ist immer der Patient und es handelt sich um eine Einzelsituation. Das ist sehr hilfreich, wenn es z. B. um eine frühe Störung geht, also um viel Versorgung, exklusive Zuwendung. Sicherlich gilt das auch in vielen anderen Störungsbereichen.

Stationäre Therapie ist natürlich viel aufwändiger, das muss man sehen, ist auch viel teurer. Man ist ja den ganzen Tag in der Klinik.

Stationäre Therapie ist was anderes als Einzeltherapie im Hotel, könnte man ja auch machen, man wohnt in einem Hotel und geht jeden Tag zum Therapeuten.

Aber die stationäre Therapie benutzt ja den therapeutischen Raum, also den Alltagsraum in der Klinik auch als Therapeutikum, d. h. die Patienten wohnen zusammen auf einer Station, sie gehen zusammen zum Essen, sie stehen morgens auf, haben ihre Termine, ihre Verpflichtungen. Sie planen ihre Freizeit und in diesem Rahmen passieren ja auch ganz reale Konflikte, die man dann therapeutisch aufgreifen kann und in Beziehung setzen kann zu den Problemen, die die PatientInnen überhaupt in die Therapie gebracht haben.

Herr, Berger, was denken Sie, wann würden Sie eine ambulante und wann eine stationäre Therapie empfehlen?

Na ja, das kommt ganz sicher auf das Krankheitsbild an. Zum einen muss man erst mal sehen, das ist ja immer die grundlegende Frage, wer die Therapie finanziert, und es gibt viele Krankenkassen, die sagen ambulant vor stationär. Wenn die ambulanten Möglichkeiten ausgeschöpft sind, was ja auch letztlich vernünftig ist, dann kann man in eine stationäre Behandlung kommen.

Es gibt natürlich auch Krankheitsbilder oder Situationen, wo man von vornherein sagen muss, da lohnt eine ambulante Therapie nicht, da ist eine stationäre Therapie angezeigt. Das sieht man ja auch bei einem schweren – offenen – Bruch, da würde man ja auch nicht ambulant behandeln, da würde man in die Klinik gehen. Und das gibt es in der Psychotherapie natürlich auch. Wenn extreme häusliche Belastungen bestehen, im Umfeld vielleicht nicht genügend Ressourcen zur Verfügung stehen, die der Patient benötigt in der aktuellen Situation, sodass es auch mehr Pflege und Zuwendung bedarf, was nur in der stationären Situation möglich ist. Also ich sage mal, bei einer Suizidgefährdung hat man in der Klinik viel, viel mehr Ressourcen, um Patienten vor sich selbst zu schützen, das wäre so eine Indikation. Da gibt es viel, viel mehr, aber so auf die Schnelle gilt: Zunächst ambulant, dann stationär, aber es gibt eben auch heftige Krankheitsbilder, da muss der Patient geschützt werden.

Können Sie noch mal kurz was zu der Indikation und auch zur Kontraindikation sagen, bei stationärer, aber auch bei ambulanter Therapie?

Kontraindikation für ambulante Therapie ist vom Krankheitsbild her dann gegeben, wenn eine hohe Fremd- und auch Selbstgefährdung besteht. Dies gilt auch, wenn es sich um heftige strukturelle Störungen handelt, also Ich-strukturelle Störungen, wo man auch über Nachhallprozesse und Dissoziationsprozesse dem Patienten Hilfe geben muss, was eine ambulante Situation vielleicht überfordern würde. Liegt eine Situation vor, die eine enge Betreuung benötigt, bei Borderline-Patienten, die dekompensiert sind, die kann man ja nicht ambulant täglich nachsehen. Das geht in einer Klinik schon, dass man von mir aus sechs oder sieben Termine hat, mit Hilfe der Pflege, die Termine sind vielleicht nur 10 – 15 Minuten lang, man den Patienten in dieser Holding Function (Stumm & Pritz, 2000) dadurch auffängt und sozusagen in ein positives Containment verbringt. Ambulante Therapie verlangt ja eine gewisse Ich-Stärke, man hat eine Stunde lang ein Gespräch mit einem Therapeuten, wird vielleicht in gewisser Weise labilisiert, muss aber am nächsten Tag zur Arbeit gehen, seine Kinder versorgen, sich das Essen bereiten und, und, und. Und wenn diese Ich-Stärke nicht vorhanden ist, dann geht nur eine stationäre Therapie.

Was empfehlen Sie bei Menschen, die Gewalterfahrungen gemacht haben, also speziell bei sexueller Gewalterfahrung?

Da kann eine ambulante Therapie schnell an Grenzen stoßen, ich sage mal, jetzt mal ganz simpel: Da ist eine Frau, der ist was widerfahren durch einen Mann und dann wird wahrscheinlich ein männlicher Therapeut sehr ungünstig sein in der Einzelsituation, auch noch in einem Zimmer, abgeschlossen. Da wird vielleicht eine weibliche Therapeutin günstiger sein und das ist in der Regel in der Klinik gegeben. Dass da auch Pflegepersonal ist, dass da eben aber auch andere Patienten sind, mit denen sie sich austauschen können, sodass sie auch ihr eigenes Leiden, in gewisser Weise, auch relativieren können. Also in der stationären Therapie ist immer ein sehr starkes Ungleichgewicht, der Therapeut der Starke, der Patient der Schwache und dann kann es zu Fehlwahrnehmungen kommen. Man denkt vielleicht, der Therapeut würde alles hinkriegen und man selbst nicht, man macht sich noch kleiner als Patient. In der Klinik sieht man dann, habe ich erst heute wieder erfahren von einem Patienten, der mir sagte, „na ja, es gibt andere, denen geht es noch schlechter". Also dass man auch sein eigenes Leiden relativieren kann oder aber eben auch Mitbetroffene findet, mit denen man sich austauschen kann. Das ist in einer ambulanten Situation nie gegeben. Das denke ich, ist bei Patienten mit Gewalterfahrungen wichtig. Es gibt dann spezielle Behandlungskonzepte vielleicht auch andere Zugänge, also über

Bewegungstherapie oder Physiotherapie, das sind ja alles Möglichkeiten, die es in der ambulanten Situation nicht gibt.

Was gibt es denn zur Diagnostik zu sagen? Haben Sie da Empfehlungen, was an Diagnostik durchgeführt werden könnte, z. B. stationär?

Ich bin tiefenpsychologisch orientiert, da gilt es, eine Anamnese zu erheben nach tiefenpsychologischem Aspekt und sich das seelische Geschehen anzuschauen, d. h. wie kommt der Patient überhaupt in die Klinik. Das gilt schon bevor der Patient aufgenommen wird, wie betritt er den Raum, wie ist er gekleidet, wie bewegt er sich im Raum, wie nimmt er Kontakt auf zu anderen, d. h. also die Diagnostik, die ist ja viel, viel weiter gefasst, man sieht ja den Patienten sich sozial bewegen im therapeutischen Raum und im realen Raum. Das gilt es nur zu übersetzen vor dem Hintergrund des Krankheitsgeschehens. Dann ist bei Gewalterfahrung noch wichtig, dass in der stationären Situation viel stärker Opferanteile erkennbar werden, d. h. wenn hier jetzt irgendwas passiert und jetzt beim Aufenthalt in der Klinik werde ich mich ja, so wie ich bin zeigen, kann es auch sein, dass Opferanteile mehr oder weniger stark mit einfließen (von 0 – 100 von mir aus). Und das zu erkennen und zu besprechen, dazu braucht es eigentlich den stationären Rahmen.

Was für Folgerungen ziehen Sie jetzt daraus?

Bei Patienten mit Gewalterfahrungen?

Ja.

Dass man auf jeden Fall gucken sollte, je nachdem wie das Trauma aussieht und inwieweit die Patienten darauf ansprechbar sind. Aber auch dass man relativ bald schauen sollte, die Patienten in ein gruppentherapeutisches Konzept zu bringen und dann möglichst in einem stationären Raum, weil dort auch die Betreuung viel, viel intensiver ist, also eine 7 Tage/24 Stunden – Betreuung. Man kann die Patienten auf diese Weise auch viel stärker fordern, weil man sie besser auffangen kann. Das wäre so meine Folgerung.

Wenn ich eine ambulante Therapie mache, muss ich ja auch immer gucken, dass ich den Patienten dienst- und arbeitsfähig halte, sodass er seine sozialen Beziehungen nicht zerstört bekommt durch die Therapie oder dass er das auch weiter pflegen kann und auch dass er seinen gesellschaftlichen Verpflichtungen nachkommen kann. Und dann würde eine Therapie halt sehr viel länger dauern.

Und eben auch das Relativieren in der Gruppe, das halte ich für ganz wichtig und was ich immer wieder gesehen habe in der stationären Therapie, wie wichtig das sich gegenseitige Stützen der Patienten untereinander ist. D. h. die brauchen gar nicht den Therapeuten, darum geht es ja auch, dass die lernen, die Belastungen ins Gespräch zu bringen, mit anderen darüber zu reden und über diesen Weg Schutz zu erfahren, aber auch Verständnis und Mitgefühl.

Welche allgemeinen Empfehlungen und Überlegungen können Sie uns aufgrund Ihrer Erfahrung mitteilen für Menschen mit Gewalterfahrungen? Vielleicht speziell sogar mit sexueller Gewalterfahrung? Gibt es da Überlegungen, die Sie uns an die Hand geben können?

Also ganz grundsätzlich ist wichtig, und das gilt da sicherlich auch grundsätzlich, es gilt ja in der Psychotherapie, dass man innere Konflikte bewusst gemacht bekommt, sich bewusst macht und dass man diese Konflikte „verwörtert", in Sprache übersetzt, und dann eben in der Gruppentherapie – so kenne ich das auch – in Interaktion übersetzt Diese Interaktion ist von den Therapeuten zu begleiten. Gleichzeitig bietet ja auch die Klinik ein Übungsfeld für das Einüben von Verhaltensalternativen. Und das ist der große Vorteil im Gegensatz zur Einzeltherapie, da ist das mit den Verhaltensalternativen immer so eine Geschichte, weil der Therapeut immer in seiner professionellen Rolle wahrgenommen wird, d.h. also man kann nicht den Therapeuten beschimpfen und der geht damit um, vielleicht in konstruktiver Weise. In dem Fall kann der Patient immer sagen, ok, das muss er machen, denn dafür wird er ja bezahlt. Eigentlich würde er sich ganz anders verhalten. Das ist natürlich in der Auseinandersetzung mit Mitpatienten in der Klinik nicht so.

Wollen Sie noch ein Beispiel geben für einen Konflikt unter Patienten an der Stelle? Gerade bei denen mit Gewalterfahrungen.

Naja, ich hatte gerade einen Patienten gesehen, der wohl ziemlich viel Gewalterfahrungen gemacht hat, Vater hat getrunken, Mutter hat ihn geschlagen und er war so der Außenseiter, der Underdog und dass dann im Rahmen projektiver Identifikation so eine Verhaltensneigung besteht, die Situation wieder herzustellen. D. h. wieder der Außenseiter zu werden, d.h., dass man Äußerungen von anderen relativ schnell als fatal, also bedrohlich wahrnimmt, hierauf reagiert und das Ganze zunächst nicht überprüft. Ich habe den Patienten im Gespräch einen geprügelten Hund genannt und dem will man einfach einen Hundekuchen geben und der Hund sieht nur die Handbewegung und beißt sofort zu und wartet gar nicht ab, was in der Hand ist, dabei ist da ein Hundekuchen drin.

Da kann man schön sehen, also der Patient wird die Neigung haben, hier solche Konflikte mit Mitpatienten herzustellen, er wird also Mitpatienten „beißen" und kann dann darauf aufmerksam gemacht werden, dass er noch gar nicht überprüft hat, ob er ihn angreifen würde, vielleicht war es doch kein Hundekuchen oder ein anderer Kuchen.

Zurück zum Thema Gewalt: Es gilt zu Beginn der Therapie, dem Patienten das Gefühl der eigenen Schuld zu nehmen. Gleichzeitig dauert es längere Zeit, bis der Patient Sicherheit gewinnt und sich mit den gemachten Gewalterfahrungen überhaupt auseinandersetzen kann.

Ich bedanke mich sehr herzlich, das war sehr anschaulich!

Danke!

References

- Stumm, G., & Pritz, A. (Eds.) (2000). Wörterbuch der Psychotherapie (2nd ed.). Wien: Springer Wien.

11 Barbara Bojack – Schlussbetrachtung

Sexuelle Gewalt findet sich in vielen Bereichen der Gesellschaft, auf nationaler und internationaler Ebene. Besonders in hierarchischen Strukturen zeigen sich diese Taten. Das bedeutet auch, dass die Gesellschaft aufgerufen ist, Prävention, Schutz und Versorgung zu bieten.

Vielfach zeigt sich eine Form der Abspaltung, vielleicht um dem Problem nicht begegnen zu müssen, aber auch die Einstellung, „wo kein Problem ist, da bedarf es auch keiner Lösung". In aufgeklärten Gesellschaften sollte eine Wachsamkeit gegenüber Schwächeren gezeigt werden. Wenn dem nicht so ist, bedarf es in der Gesellschaft noch bedeutend mehr an Aufklärung. Der individuelle Umgang durch Abspaltung oder Verdrängung beinhaltet gewissermaßen, die Problematik nicht an sich heranzulassen und keine Emotionen zu zeigen. Eine weitere Möglichkeit ist die Verleugnung und die Diminuierung, im Sinne von, „so schlimm ist das nicht" oder „das hat doch noch keinem geschadet", was aber auch eine Identifikation mit dem Aggressor beinhaltet. Deshalb ist es eminent wichtig, die Probleme zu benennen und aufzuklären, um eine Bewältigung zu erreichen und einer Wiederholung entgegenzuwirken.

12 Autorenverzeichnis

Name: Peter Berger
Titel: Diplom-Psychologe
Beruf: Niedergelassener Psychotherapeut
Tätigkeitsort: Fritzlar
Land: Deutschland

Name: Barbara Bojack
Titel: Honorarprofessorin, Dr. med.
Beruf: Fachärztin für Urologie, Soziologin, niedergelassene Psychotherapeutin
Tätigkeitsort: Gießen
Land: Deutschland

Name: Volker Braun
Titel: Oberamtsrat i.R.
Beruf: MA. Human Resources, Diplom-Verwaltungswirt (FH)
Tätigkeitsort: Mainz
Land: Deutschland, Rheinland-Pfalz

Name: Ulrich Hemel
Titel: Prof. Dr. Dr. in Religionspädagogik,
Beruf: Direktor des Weltethos-Instituts, Tübingen
Tätigkeitsort Tübingen
Land: Deutschland

Name: Verena Kolbe
Titel: Dr. med.
Beruf: Fachärztin für Rechtsmedizin
Institution: Institut für Rechtsmedizin, Universität Rostock
Tätigkeitsort: Rostock
Land: Deutschland

Name: Martina Merten
Titel: M.A.
Beruf: Global health specialist
www.martina-merten.com
Tätigkeitsort: Berlin/weltweit
Land: Deutschland

Surname: Ogu
First Name: Rosemary
Title: Professor, Dr. med.
Job: Consultant Obstetrician Gynaecologist
Institution: University of Port Harcourt
Place of work: University of Port Harcourt
Teaching Hospital
Country: Nigeria

Name: Juliane Wahren
Titel: Professorin, Doktorin
Beruf: Professorin für Soziale Arbeit, M.A. Klinische
Sozialarbeit, Diplom-Sozialarbeiterin/-pädagogin
Tätigkeitsort: IU Internationale Hochschule – Berlin
Land: Deutschland

Die Autorin

Barbara Bojack studierte Medizin an der Universität Tübingen, promovierte dort im Bereich Kinderchirurgie. Sie ist Fachärztin für Urologie, war viele Jahre in Kliniken, im öffentlichen Gesundheitswesen und im Strafvollzug tätig.
Seit einigen Jahren arbeitet sie in eigener Praxis als Psychotherapeutin und Psychoanalytikerin.
Sie ist Honorarprofessorin an der Universidad de Buenos Aires und seit 2015 in der Soziologie habilitiert. Forschungsschwerpunkte sind Gewalt in verschiedenen Bereichen und deren Erscheinungsformen.

E-Mail: bbojack@web.de

novum VERLAG FÜR NEUAUTOREN

Der Verlag

> *Wer aufhört
> besser zu werden,
> hat aufgehört
> gut zu sein!*

Basierend auf diesem Motto ist es dem novum Verlag ein Anliegen, neue Manuskripte aufzuspüren, zu veröffentlichen und deren Autoren langfristig zu fördern. Mittlerweile gilt der 1997 gegründete und mehrfach prämierte Verlag als Spezialist für Neuautoren in Deutschland, Österreich und der Schweiz.

Für jedes neue Manuskript wird innerhalb weniger Wochen eine kostenfreie, unverbindliche Lektorats-Prüfung erstellt.

Weitere Informationen zum Verlag und seinen Büchern finden Sie im Internet unter:

w w w . n o v u m v e r l a g . c o m